フランス語における
有標の名詞限定の文法

― 普通名詞と固有名詞をめぐって ―

長沼　圭一

早美出版社

はじめに

　現代フランス語においては，普通名詞は通常定冠詞，不定冠詞に代表される何らかの限定詞を伴い，逆に，人名や都市名を表す固有名詞は通常限定詞を伴わないのが規範とされている．しかしながら，実際にフランス語を観察してみると，普通名詞が限定詞を伴わずに現れている例もそれほど珍しくはなく，人名や都市名を表す固有名詞が限定詞を伴って現れている例も時折見られる．本書は，名詞句に関するこのような有標の限定（あるいは無限定）を研究対象とする．
　フランス語における無冠詞名詞の近年の研究としては，滝沢 (1971, 1974), ANSCOMBRE (1982, 1991), GIRY-SCHNEIDER (1991), 大久保 (1994, 1995) などのように，動詞の直接目的補語の位置に現れる無冠詞名詞を主な対象としている研究が多く見られる．しかしながら，このような無冠詞名詞の多くは，動詞と共に成句をなす生産性の乏しいものである．一方，生産性のある無冠詞名詞を中心的テーマに据えている研究としては，Il y a ØN et ØN という構文を扱っている PICABIA (1983, 1986), 同格を扱っている PICABIA (1991, 1993, 2000), 属詞を扱っている NOAILLY (1991), および，筆者の知る限り最も幅広く無冠詞名詞の具体例を扱っている CURAT (1999) などが挙げられるが，無論，無冠詞名詞の研究はまだ十分になされているとは言えない．また，GUILLAUME (1975), MOIGNET (1981) 以来の伝統により，ANSCOMBRE, PICABIA, GIRY-SCHNEIDER は，無冠詞名詞の説明において，定冠詞，不定冠詞，部分冠詞と相補的に分布する，「ゼロ冠詞」の存在を主張するが，FURUKAWA (1978, 1986), 古川 (1984) は，このような主張に対し，「ゼロ冠詞」という考え方は多種多様な無冠詞名詞を包括的に説明するための有効な手段ではないと反論している．
　無冠詞名詞のこれまでの研究について，いくつかの問題点を指摘することができる．第一に，無冠詞名詞の問題は「冠詞」の問題ではなく，「名詞句」の問題であるということ．すなわち，「ゼロ冠詞」が「定冠詞」や「不定冠詞」と対立しているのではなく，「無冠詞名詞句」が「定名詞句」や「不定名詞句」と対立していると考えるべきである．第二に，「無冠詞名詞」ではなく「無冠詞名詞句」であるということ．すなわち，名詞が単独で現れるもののみを扱うのではなく，修飾語句を伴ったものも考慮に入れるべきである．第三に，「非生産的」な無冠詞名詞句より「生産的」な無冠詞名詞句の方が重要であるということ．すなわち，成句に

現れる固定された無冠詞名詞句を扱うより，むしろ，成句とは関係のない無冠詞名詞句を扱うべきである．このような点を改善することによって，より多くの種類の無冠詞名詞句を対象とし，無冠詞名詞句のより本質的な特性を捉えることができると考えられる．

一方，現代フランス語における限定詞を伴った固有名詞を扱った研究としては，KLEIBER (1981, 1991), JONASSON (1987, 1991, 1994), GARY-PRIEUR (1989, 1990, 1991, 1994), FLAUX (1991), IMOTO (1996) などが挙げられる．これらの研究の多くは人名を表す固有名詞に限られているが，これは，地名の場合，都市名は通常無冠詞である (Paris, Rome, etc.) のに対し，国名・州名などを表す固有名詞が通常定冠詞を伴う (la France, l'Asie, etc.) ことと無関係ではないように思われる．本書においても，固有名詞に関しては，人名を表すものを中心的な研究対象とする．とりわけ，筆者が重要であると考える固有名詞は，JONASSON (1991, 1994), GARY-PRIEUR (1994) などで扱われている，隠喩的に解釈される固有名詞である．というのは，人名を表す固有名詞は，一般に特定の個体を指示する機能しか持たないとされるが，隠喩的に解釈されるためには，固有名詞が記述内容を持たなければならないからである．IMOTO (1996) は，固有名詞は単に「某という名前である」個体を表しているわけではなく，その個体と結びついた特性を含んでいると主張しており，さもなくば隠喩的用法の場合に不都合が生じることを指摘している．

無冠詞名詞句および限定詞付きの固有名詞を論ずる上での筆者の一貫した見方として，「記述機能 (fonction attributive) と指示機能 (fonction référentielle)」，「役割 (rôle) と値 (valeur)」，「内包 (intension) と外延 (extension)」といった対立概念が根底に存在する．換言すれば，筆者は，基本的に名詞句を言語内レベルと言語外レベルに分けて捉えているのである．このような区別は，これまで主として冠詞付きの名詞句のみが議論の対象となってきたが，無冠詞名詞句においても固有名詞においても重要な区別である．

本書は序章と6つの章から構成されている．序章においては，本書の重要なキーワードとなる諸概念について論ずる．第1章から第4章においては，無冠詞名詞句のさまざまな事例について，第5章と第6章においては，限定詞付きの隠喩的固有名詞について考察を行う．

目 次

はじめに 3

序　章：名詞句の二つの側面 9
1. 記述機能と指示機能 11
2. 役割と値 13
3. 内包と外延 15
4. 定冠詞の内包指示的用法 16
   4.1. MARTIN (1986) 17
   4.2. FURUKAWA (1986, 1997, 1998) 20
第1章：コピュラ文の属詞として現れる無冠詞名詞句 27
1. 先行研究 29
   1.1. 文法書における記述 29
   1.2. RIEGEL (1985) 31
   1.3. KUPFERMAN (1991) 32
2. 属詞無冠詞名詞句の分布 36
   2.1. être Ø N 37
      2.1.1. être un N との対比が想定される場合 37
      2.1.2. être le N との対比が想定される場合 40
   2.2. devenir Ø N 41
3. 無冠詞名詞の形容詞化 43
   3.1.「役割記述機能」と「性質記述機能」 43
   3.2. 性別に関わる語 49
   3.3. 架空の存在を表す語 53
4. ラベル的性質 55
5. 結語 59
第2章：同格として現れる無冠詞名詞句 61
1. 同格無冠詞名詞句の分布 64
2. 右方同格 67
   2.1. 非制限的関係節によるパラフレーズ 67
   2.2. 限定詞を伴う右方同格との比較 71
   2.3. ラベル的機能 75

- 3. 前方同格 79
  - 3.1. 統辞的制約 79
  - 3.2.「形式的支え」と「実質的支え」................................. 82
  - 3.3. 新たな視点の導入 84
  - 3.4. 状況項との関係 86
- 4. 結語 90

第3章：文同格および文タイトルとして現れる無冠詞名詞句 91

- 1. 文頭に現れる無冠詞名詞句の分布 93
  - 1.1.〈ØN＋コンマ＋文〉... 93
  - 1.2.〈ØN＋コロン＋文〉... 95
- 2. 先行研究 100
  - 2.1. Guillaume (1975) 100
  - 2.2. Moignet (1981) 100
  - 2.3. 文同格に関する先行研究 101
- 3. 文同格と文タイトルの比較 103
  - 3.1. 指示性と記述性 103
  - 3.2. 後置可能性 110
  - 3.3. 冠詞との共起 112
  - 3.4. コンマとコロンの入れ替え 115
  - 3.5. 脱範疇化 117
- 4. 結語 121

第4章：独立無冠詞名詞句 123

- 1. 先行研究 125
  - 1.1. 文法書における記述 126
  - 1.2. 本のタイトル 126
  - 1.3. 絵のタイトル 129
- 2. パラフレーズによる独立無冠詞名詞句の分布 129
  - 2.1. C'est Dét. N 130
  - 2.2. Voilà Dét. N 134
  - 2.3. Il y a Dét. N 135
  - 2.4. Dét. N est Attribut 137
  - 2.5. その他のパラフレーズ 140
- 3. 独立無冠詞名詞句の指示対象 143
  - 3.1. 指示対象が先行文脈に現れている場合 143
  - 3.2. 指示対象が言語外のものである場合 144

3.3. 指示対象が後続文脈である場合 149
　4. 結語 152
第5章：不定冠詞を伴う固有名詞 155
　1. 限定詞を伴う固有名詞の分布 158
　　1.1. 呼称的用法 160
　　1.2. 分割的用法 161
　　1.3. 例示的用法 163
　　1.4. 隠喩的用法 164
　　1.5. 換喩的用法 165
　　1.6. 本質的用法 166
　2. 固有名詞における記述機能と指示機能 169
　3. 固有名詞の隠喩的解釈 171
　4. 部分冠詞による内包の付与 174
　5. 固有名詞における論理的前後関係 177
　6. 結語 180
第6章：定冠詞を伴う固有名詞 183
　1. 固有名詞の隠喩的解釈のメカニズム 185
　2. 先行研究 188
　3. 定冠詞の特殊用法 190
　　3.1.「役割」指示的用法 190
　　3.2.「準内包的」用法 194
　4. 隠喩的解釈の le Np 199
　　4.1. 修飾語を伴う場合 199
　　4.2. 修飾語を伴わない場合 206
　5. 結語 207
参考文献 209
おわりに 214

序　章

名詞句の二つの側面

序章　名詞句の二つの側面

名詞句について考える際に重要であるのは，どのようなレベルにおける問題であるかを認識することである．ここでは，本書のキーワードとなる，「記述機能 (fonction attributive) と指示機能 (fonction référentielle)」，「役割 (rôle) と値 (valeur)」，「内包 (intension) と外延 (extension)」という三組の対立概念について論ずることにする．

1. 記述機能と指示機能 [1]

DONNELLAN (1966) は次の例,

(1) *Smith's murderer* is insane. (p.285)

において二つの読みが可能であることを指摘している．一つは，スミスを殺害した人物が誰かは分からないが，スミスの惨殺された死体を見て，「スミスを殺した者は誰であれ気違いである」という意味で述べられたという読みである．もう一つは，スミスを殺害した人物が例えばジョーンズであることが分かっている場合に，裁判所でのジョーンズの奇妙な行動を見て，「ジョーンズは気違いである」という意味で述べられたという読みである．前者の場合を限定的用法 (attributive use)，後者の場合を指示的用法 (referential use) と DONNELLAN は呼んでいる．(1) をフランス語に訳した例,

(2) *Le meurtrier de Smith* est fou. (KLEIBER, 1981, p.222)

においても同様に二つの読みが可能である．その二つの読みを KLEIBER (1981) は次のようにパラフレーズしている．

(3) a. *Qui que ce soit qui ait tué Smith* est fou. (p.222)
　　b. *L'homme qui se trouve être le meurtrier de Smith* est fou. (p.240)

---

[1] ここでの指示機能という用語における「指示」は，定冠詞の機能としての「指示」とは異なる．すなわち，ここでの指示機能とは名詞句全体にかかわるものであり，これがある特定の指示対象と結び付く機能のことである．

11

(3a) が限定的用法，(3b) が指示的用法を言い換えた文である．

　一方，古川 (1979)，FURUKAWA (1986) は，限定的用法と指示的用法の区別が常に明確とは限らず，記述機能 (fonction attributive) と指示機能 (fonction référentielle) は必ずしも対立しあうものではなく，いわば共存しているものであるとして，次のような例を示している．

(4) J'ai vu un camion et une voiture. *La voiture* roulait vite. (BLANCHE-BENVENISTE & CHERVEL, 1966, p.9, cité par 古川, 1979, p.117)

(5) J'ai vu une voiture. *La voiture roulait vite. (BLANCHE-BENVENISTE & CHERVEL, 1966, p.9, cité par 古川, 1979, p.117)

古川 (1979) によると，「(3) [=(4)] における la voiture は前方照応的定名詞句，すなわち，明白に指示機能をもった定名詞句であるが，この指示機能は，トラックと乗用車という意味の対比，すなわち，記述機能の対比によって補強されているのである．このことは，(4) [=(5)] の後半の文の容認可能性の度合いが低いことによって示されている．」(p.117)

　また，古川 (1979)，FURUKAWA (1986) は，限定的用法と指示的用法の区別が，定名詞句だけでなく不定名詞句にも存在し，かつ，定名詞句と同様に，不定名詞句においてもこの二つの区別が必ずしも明確ではないことを指摘している．例えば，次の例，

(6) Je veux épouser *un médecin*. (古川, 1979, p.119)

「における un médecin は，特定的・非特定的に関してあいまい性をもつが，非特定的な読みの場合は，「ともかく医者と結婚したい」という意味であって，限定的用法においてしか用いられない．しかし，特定的な読みの場合には，さらに，指示的用法・限定的用法に関するあいまい性がありうる．すなわち，一つの読みでは，「ある人と結婚したいと思っている．その人は医者である」という，いわば無標の読みであり，もう一つの読みは，「私はある医者と，まさしく彼が医者だから，結婚したいと思っている」という読みである．」(古川, 1979, p.119)

　このように，定名詞句と不定名詞句には，限定的用法と指示的用法の区別があるが，この区別は常に明確なわけではなく，重要なことは，名詞句が記述機能と

指示機能という二つの機能を持っているということである．記述機能は語の意味に関わるため言語内レベルに属し，指示機能は現実世界の具体物に関わるため言語外レベルに属すると考えられる．

2. 役割と値

「役割 (rôle)」と「値 (valeur)」は，FAUCONNIER (1984) が「メンタルスペース理論」において導入している概念であるが，FAUCONNIER 自身はこれらの概念に明確な定義を与えてはいない．

坂原 (1990) は，役割という概念について次のように説明している．

「役割とは名詞句の意味・記述内容によって与えられる一種の関数で時間，状況，コンテクストなどの変化に応じ，記述を満足する個体の集合から適当な値を選択する．例えば président は国名を変域にし，大統領の集合を値域にする役割関数である．」(坂原, 1990, p.3)

また，井元 (1995) は役割と値に関して次のように述べている．

「そこで筆者が理解する役割・値のより簡潔な規定は
(4) 代名詞を除く名詞句の，聴覚映像 (image acoustique = signifiant) と意味の全体を，値に対して役割といい，役割が指示する指示対象を，役割に対して値という．
ということになる．さらに，言語記号は必然的に聴覚映像を伴うし，現実の発話において，意味と指示対象の関係は相補的なものであるから，(4) を次のように表現しても実用的には十分である．
(5) 名詞句の意味を役割といい，指示対象を値という．」(p.98)

ここで言う「意味」とは「同定操作に関与する対象の属性」のことであると井元は定義している．

FAUCONNIER (1984) によると，定名詞句は直接的に個体を指示すると考えるよりも，むしろ「役割」の関数として扱う方がよい場合があるという．例えば，

(7) *Le président* change tous les sept ans. (FAUCONNIER, 1984, p.60)
(8) *La nourriture* ici est de pire en pire. (*ibid.*, p.61)

の例はイタリック体の名詞句が単一の要素を指示する読みが可能である．すなわち，(7) では，たまたま大統領である個体（例えばシラク）が 7 年毎に変わる（例えば気違いになったり傲慢になったりする）という解釈になり，(8) では，戸棚の中のある特定の食べ物が腐って来ているという解釈になる．しかし，語用論的にはもう一つの解釈の方が優勢であると考えられる．それは定名詞句が変項として機能している解釈である．この場合，(7) では，7 年毎に新しい大統領が誕生し[2]，(8) では，今週の料理は先週の料理よりまずいということになる．前者の解釈，すなわち定名詞句が単一の要素を指示する解釈が「値解釈」であり，後者の解釈，すなわち定名詞句が変項として機能している解釈が「役割解釈」である．井元 (1995) は，FAUCONNIER (1984) の「役割」と「値」の区別が，DONNELLAN (1966) の「限定用法」と「指示用法」の区別と同じ二つの側面を捉えたものであることを指摘している．

また，FAUCONNIER は，定名詞句は第一義的には役割関数であり，二義的にその役割のとる値であるとしている．役割の領域には時間，場所，状況，文脈などがあり，値域は当該場面において le N で表されるある特定の属性 "N" を持つ要素からなる．次の (9) において，

(9) Chaque homme s'est construit *une maison*. Dans le cas de Jean, *la maison* était une structure en brique de deux étages ; dans le cas d'Henri, *la maison* était un grand ballon translucide ; dans la plupart des cas, *la maison* était conçue pour quatre ou cinq personnes. Etc. (FAUCONNIER, 1984, p.62)

la maison という役割は，人を領域とし，家の集合を値域としている．Dans le cas de Jean のような表現が領域を指定することによって la maison に対応する値が割り当てられる．ここでの la maison はこの値を指示しているわけでもなければ，先行文脈に現れている une maison を指示しているわけでもないのである．

役割と値の関係は，「タイプ」と「トークン」の関係に近いように思われる．名

2　井元 (1995) は，(7) に対し，想定される解釈として全部で 8 つの解釈を挙げているが，ここではその区別は関与的でないため不問に付す．

詞句が役割として解釈される場合は記述機能が優勢に働いており，値として解釈される場合は指示機能が優勢に働いていると考えられる．したがって，役割は言語内レベルに，値は言語外レベルに属していると言える．

3. 内包と外延

「内包 (intension)」と「外延 (extension)」は，元来論理学において用いられている術語である．『広辞苑』（第五版）では，次のように定義されている．

> 「【内包】①〔論〕(intension ; connotation) 概念の適用される範囲（外延）に属する諸事物が共通に有する徴表（性質）の全体．形式論理学上は，内包と外延とは，反対の方向に増減する．例えば，学者という概念は，哲学者・文学者・科学者・経済学者などの学者の全種類を包括するが，学者という概念に「哲学研究」という徴表を加えると，内包はそれだけ増加し，外延は反対に減少する．内容.」

> 「【外延】(extension) [...] 2〔論〕ある概念の適用されるべき事物の範囲．例えば，金属という概念の外延は金・銀・銅・鉄などである．↔ 内包.」

CADIOT (1997) は，内包と外延について次のように述べている．

> 「内包とは語の概念的内容であり，一方，外延とはこの概念的内容が潜在的に指示しうる対象のクラスのことである．例えば，「学生」の内包は次のように定義できる．
> 　　学生＝＋大学に登録されている＋授業をとっている」[3]

また，福島 (1998) は，内包と外延を次のように定義している．

> 「(21) 内包＝百科辞典的知識 ＋ 属性 ＋ イメージ ＋ 連想される事柄 ＋ ……

---

[3] «L'intension (ou compréhension) est le contenu conceptuel d'un mot, tandis que l'extension représente la classe des objets auxquels ce contenu conceptuel permet potentiellement de renvoyer. On définit l'intension de «étudiant» comme : étudiant = + inscrit dans une université + suivant un cursus» (CADIOT, 1997, p.51)

(22) 外延＝内包を満たす個別事例
(21) の「イメージ」とは，言語的に記述できない認知的イメージのことであり，謂わば「漠然とした形象」のことである (今井1997). [...] したがって，「猫」という言葉を例に取ると，その「内包」と「外延」は，以下のようになる.
(23) 内包＝百科辞典的知識 {動物＋哺乳類＋ネコ科＋三毛猫＋ペルシャ猫＋……} ＋属性 {引っ掻く＋よく寝る＋暗い所でも眼が見える＋……} ＋イメージ（ネコに関して抱いている漠然とした心的イメージ）＋夏目漱石＋……
(24) 外延＝隣家の猫＋近所の猫（猫1＋猫2＋……）＋かつて実家で飼っていた猫＋テレビで見た猫（猫1＋猫2＋……）＋漱石の 猫＋……」
(pp.339-340)

内包が言語内レベル，外延が言語外レベルに属することは明らかであるが，内包に関する問題において最も重要であると思われるのは，定冠詞の内包指示的用法である．この用法を主張している MARTIN (1986), FURUKAWA (1986) における内包とは，一言で言えば，それぞれ，「特性の集合 (ensemble des propriétés)」，「語彙的意味 (sens lexical)」のことである．以下では，定冠詞の内包指示的用法について詳しく見ることにする．

4. 定冠詞の内包指示的用法

東郷 (2001) は，定名詞句の機能について，「指示説」と「存在前提説」とが対立してきたと述べている．この二つの説を東郷は次のように説明している．

> 「指示説では，定名詞句 le N は N の内包を通して外延に存在する対象 a を指示すると考える．存在前提説では，定名詞句 le N は，N の記述に一致する対象がどこかに存在するという前提を持つだけで，a を指示したりはしないとする．」(p.4)

しかしながら，古川 (1988) は次のように主張している．

序章　名詞句の二つの側面

「(iii) 定冠詞の本質的な機能は，指示機能にある．しかし，この主張は，定冠詞の機能が存在前提にあるとする主張と矛盾しない．したがって，定冠詞の機能が指示作用にあるのか存在前提にあるのか，という論点は，二者択一的な決定を要求する性質の問題ではない．
(iv) 定名詞句の指示対象の概念は，二つのレベルのおいて考えるべきである．一つは，言語内のレベルであり，このレベルにおいては，たとえば la capitale de la France は，「フランスの首都」という意味内容を指示対象としている．もう一つは，言語外のレベルであり，このレベルにおける指示対象は，パリという具体的な都市である．Ducrot (1972) 等の論理学的なアプローチにおいて指示対象と言う場合，後者の言語外のレベルしか考えられていないと思われるが，指示対象の概念は，言語外のレベルの指示対象のみにかぎるべきではない．定名詞句には，言語表現としての意味内容という言語内のレベルにおける指示対象がみとめられるからである．」(pp.17-18)

また，古川 (1991) においては，

「単数定冠詞 le の機能は，『総称であれ非総称であれ，あいまいでない形で，あるいは，話し手があいまいでないとみなす形で，一つの事物を指示する』ことである．」(p.77)

という主張がなされている．

このように，定冠詞の本質的機能が指示機能であり，言語内レベルにおいても指示対象が存在しうるということを認めることが，定冠詞の内包指示という考え方の根底にあるのである．

4. 1. Martin (1986)

Martin (1986) によると，次の二つの例，

(10) *Le chat* attend devant la porte. (p.187)
(11) *Les chats* attendent devant la porte. (*ibid.*)

17

において，(10) の le chat, (11) の les chats はどちらも外延の世界に存在する特定的な個体を指示しており，ネコの数に違いがあるため文全体の命題内容は異なっている．それに対し，次の二つの例，

(12)　*Le chat* est carnivore. (*ibid.*)
(13)　*Les chats* sont carnivores. (*ibid.*)

においては，(12) の le chat, (13) の les chats はともに特定の個体は指示せず，総称的に用いられている．この場合，(12) と (13) の間には命題内容の違いは感じられない．(12), (13) における総称用法の le と les について，MARTIN は以下のように説明している．

> 「le は『内包指示』である．すなわち，le chat において le は chat の内包，すなわちネコをネコたらしめる属性の集合を指示している．[...] Le chat は総称的に『ネコ性』(/chatitude/)，すなわち話者がネコの特性と見なしているものを指示している．逆に，les chats は外延指示であり，総称的読みにおいては，les chats は可能世界の集合における求和によって把握されるネコの集合を指示している．」[4]

(12), (13) に関してはほとんど意味の違いもなく le と les の入れ替えが可能であるが，(14), (15) に関しては les のみが可能である．

(14)　*Les enfants* aiment beaucoup les tableaux de Marie. (p.188)
(15)　**L'enfant* aime beaucoup les tableaux de Marie. (*ibid.*)

/ aimer les tableaux de Marie / （マリーの絵が好きである）という属性は子供に本質的に結び付いていると考えることが困難なため (15) のようには言えないのである．また，固有名詞や部分的な配分の読みが問題になる場合，les しか用いられない．

---

[4] «L'hypothèse sera que *le* est «intensionnel», c'est-à-dire que, dans *le chat*, il renvoie à l'intension de *chat*, c'est-à-dire à l'ensemble des propriétés qui font qu'un chat est un chat. [...] *Le chat* réfère génériquement à la «/chatitude/», à ce que le locuteur considère comme caractéristique du chat. Par opposition, *les chats* sera extensionnel : dans la lecture générique, *les chats* renvoie à l'ensemble des chats, appréhendé par sommation dans l'ensemble des mondes possibles.» (pp.190-191)

(16) (Psychologie des noms propres) *Les Jeanne* sont des êtres doux... (p.191)
(17) Seuls *les hommes* sont chauves. (p.192)

(16), (17) において定冠詞を単数形にすると奇妙な文になってしまう．このような観察をもとに MARTIN (1986) は le の内包性と les の外延性の間に明確な対立を見出している．しかしながら，le と les は同じ定冠詞でありながら総称文においてはなぜ異なるものを指示できるのであろうか．果たして単数と複数の対立が内包と外延の対立に直接関与しうるであろうか．

また，MARTIN (1986) は総称の中で，本来の意味での総称と区別して，「潜在的」(«potentiel») というカテゴリーを設けている．すなわち，可能世界での指示は現実世界と同じようになされるものであるが，可能世界が全般的にではなく個別的に考慮される読みを「潜在的」と呼んでいるのである．次の (18), (19) は「潜在的」な文であるが，le と les の間で解釈は異なっている．

(18) Le décret de nomination doit être signé par *le Ministre compétent*. (p.194)
(19) Le décret de nomination doit être signé par *les Ministres compétents*. (*ibid.*)

(18) では，任命の宣告の調印の場面において当該大臣は一人であるが，(19) では二人以上である．しかしながら，このような「潜在的」な文において定冠詞が内包指示であるか外延指示であるかといった説明はなされていない．

さらに，MARTIN (1986) は次のような興味深い例を示している．

(20) Ici, *le client* est roi. (p.197)

(20) を複数形にすると「王様である」という述部と矛盾してしまう．客はそれぞれの場面において個体として考慮されなければならない．また，(21) はナンシー郊外のあるスーパーマーケットの精肉部のところに見られる貼り紙である．

(21) Sonnez. *Le boucher* vous conseillera. (*ibid.*)

MARTIN (1986) によると，

「ガラス越しに6人の肉屋が働いているのが見える．客が呼び出すと出てくる肉屋はその都度異なっている．もし47) [=(21)] の読みが特定的ならば不定冠詞が要求される．談話の世界が非常に狭いにもかかわらず，ここで想定されているのは非特定的な効果である．すなわち，それぞれの場面において肉屋が肉屋として客に応対するということである．」[5]

このような観察は正しいと思われる．しかし，MARTIN (1986) は (20), (21) のような文における定冠詞が何を指示しているかについては明確にしていない．

MARTIN (1986) に関しては二つの疑問が残る．Les は一貫して外延を指示するとしているが，果たして総称文において le は内包指示，les は外延指示というようにはっきりと指示が分かれているものなのであろうか．また，「潜在的」な文における定冠詞と内包指示の関係は一体どのようになっているのであろうか．

4. 2. FURUKAWA (1986, 1997, 1998)

FURUKAWA (1986) は MARTIN (1986) と同時期に定冠詞の内包指示[6]について論じている．両者の間で「内包」という概念の定義はほぼ一致していると思われるが，FURUKAWA (1986) の場合，(22) のような総称[7]の定名詞句だけでなく，(23), (24) に見られるような定名詞句においても定冠詞の内包指示を認めている．

(22) L'homme est mortel. (FURUKAWA, 1986, p.47)
(23) Bigeard, revenons à votre mère. Elle vous a connu général? / Non, malheureusement, et je le regrette bien. Ma mère est morte à quatre-vingt-quatre ans. J'étais encore colonel, je commandais à ce moment-là une brigade de parachutistes à Pau. Ma mère est morte à *l'hôpital*, d'un cancer. (*Radioscopie*, IV, p.225, cité par FURUKAWA, 1986, p.48)

---

5 «On voit derrière une vitrine une demi-douzaine de bouchers s'affairer, découper la viande et la «conditionner». Or, à l'appel des clients, c'est tantôt l'un, tantôt l'autre des bouchers qui vient prodiguer ses conseils. Si la lecture de 47) [= (21)] était spécifique, il y faudrait l'indéfini. En fait, en dépit de l'extrême étroitesse de l'univers de discours, c'est un effet non spécifique qui est visé : dans chaque monde considéré, le boucher en tant que tel renseigne le client, traité comme un individu, d'homme à homme (à l'exemple du «petit commerce»).» (p.197)
6 FURUKAWA (1986) では「内包」を意味する語として «pré-extensité» が用いられているが，FURUKAWA (1997, 1998) では MARTIN (1986) と同じ «intension» が用いられている．
7 いわゆる総称の LE N は，FURUKAWA (1986) では，«pseudo-générique», FURUKAWA (1997) では，«le N dit générique» と呼ばれている．

(24) Oui, Monsieur Maréchal, je gagnerai en faisant mon métier proprement, avec des gens propres ! Et, si j'échoue — c'est-à-dire, si c'est vous qui avez raison — eh bien, je prendrai ma retraite anticipée et j'irai pêcher *le saumon* sur la Nive. Il y a longtemps que j'en ai envie. (Mort d'un pourri, *La France*, décembre 1978, p.29, cité par FURUKAWA, 1986, p.54)

FURUKAWA (1986) によれば，(23) において l'hôpital はビジャール将軍の母親が亡くなった特定の病院を指示しているのではない．L'hôpital の指示は内包の領域に属しており，したがって「病院」の意味内容あるいは概念を表している．この場合，l'hôpital は単数と複数の区別に関して中立的である．また，対立の概念が関与しており，例えば，la maison との対立が考えられる[8]．(24) においては，pêcher le saumon はいわば即席の成句 (locution de discours) を成しており，話者の老後の楽しみを象徴的に表しているのである．したがって le saumon は外延的な限定を行っているのではない．

FURUKAWA (1997) では，FURUKAWA (1986) における定冠詞の内包指示説をさらに発展させ，絵のタイトルとして現れる le N に内包指示を見出している．例えば，

(25) a. La Japonaise (Monet) (FURUKAWA, 1997, p.169)
    b. La Parisienne (Manet) (*ibid.*)
    c. Le Fifre (Manet) (*ibid.*)

について，FURUKAWA (1997) は次のように主張している．

「筆者の仮説は，le N が言語外世界とは無関係に N の語彙的意味，すなわち内包を指示しているということである．換言すれば，定冠詞の使用と結びついた指示の結果は言語内世界に制限されているのである．」[9]

---

[8] この例における l'hôpital に関して FURUKAWA (1986) では la clinique との対立があると述べられているが，FURUKAWA (1997) ではこのように la maison との対立として改められている．

[9] «Notre hypothèse est en effet que Le N renvoie au sens lexical ou à l'intension de N indépendamment du monde extra-linguistique ; autrement dit, le résultat référentiel lié à l'emploi de l'article défini se cantonne dans un monde intra-linguistique.» (p.170)

FURUKAWA (1997) によれば,このような le N の用法を図式化すると,«LE être-N» と表されるのであり,«LE (X qui est) N» とはならない。したがって (25a) は,«La être-Japonaise» と表すことができるという.

では,絵のタイトルと絵はどのように関係付けられるのであろうか.これについて FURUKAWA (1997) は,

> 「内包指示の le N は語彙・意味論レベル,すなわち言語内レベルに属するが,語用論的解釈の面では,具象的であれ抽象的であれ,言語外世界に結び付けられると筆者は考える[...]」[10]

と説明している.すなわち,(25a) は意味論レベルでは「日本人女性」の内包を指示しているが,語用論レベルでは具象世界の物体,この場合,絵の中に描かれた対象[11]と結び付いているのである.(22), (23) の例も同様に意味論レベルと語用論レベルという二つのレベルがかかわっている.すなわち,意味論レベルにおいてはどちらも内包を指示しているが,語用論レベルにおいては,(22) は「ヒト」というクラスの概念と,(23) は「病院」の具体的なイメージとそれぞれ結び付いているのである.このように,意味論レベルと語用論レベル,言い換えれば,言語内レベルと言語外レベルを区別することによって,MARTIN (1986) が定冠詞の用法について明確な説明を与えることのできなかった次のような例も説明が可能となる.

(26) Sonnez. *Le boucher* vous conseillera. [= (21)]

FURUKAWA (1997) は (26) について次のように述べている.

> 「この例に関しても,まさに意味論と語用論の関連付けという観点を導入することにより,次のように主張できるであろう.Le boucher は「語用論的に制限された領域」,この場合,特定のスーパーマーケットが成している領域において,「肉屋」の内包を満たす x に適応される.したがって,le boucher は,

---

[10] «Nous considérons que *le N* intensionnel, qui relève du niveau lexico-sémantique, donc intra-linguistique, se laisse lier, précisément sur le plan d'interprétation pragmatique, au monde extra-linguistique, concret ou abstrait ; [...] » (p.176)

[11] FURUKAWA (1997) が注で示しているように,モネの «La Japonaise» という絵に描かれているのは,実際には日本人女性ではなく,着物を着た西洋人女性である.

意味論的には «Le (x qui est) boucher» ではなく，やはり «Le être-boucher» を表している．」[12]

すなわち，(26) における le boucher の le は内包指示的であると解釈されるのである．次の例も同様の分析が可能である．

(27) Il y a un robinet qui fuit dans la salle de bains, il faut faire venir *le plombier*.
(FURUKAWA, 1997, p.177)

(27) の le plombier は「特定の水道屋」という読みと「水道屋ならだれでも」という読みが可能であるが，後者の読みの場合，le plombier は語用論的に制限された領域，この場合，話者の住んでいる町という領域において「水道屋」の内包を満たす x に適用されると分析できる．

さらに，FURUKAWA (1997) は MARTIN (1986) にとって一貫して外延指示として解釈される les N にも内包指示の解釈を認めている．次の例は絵のタイトルとして現れている les N である．

(28) a. Les Glaneuses (Millet) (FURUKAWA, 1997, p.177)
　　 b. Les Emigrants (Daumié) (*ibid.*)
　　 c. Les Coquelicots (Monet) (*ibid.*)
　　 d. Les Glaïeuls (Monet) (*ibid.*)
　　 e. Les Peupliers (Monet) (*ibid.*)

(28) のような les N を分析すると，(29) のような図式化が可能である．

(29) Les N = Le N (intensionnel) + S (*ibid.*)

すなわち定冠詞の用法に関してはここでも内包指示的用法が関与している．(28a) を図式に当てはめると，

(30) Les Glaneuses = La Glaneuse (intensionnel) + S (*ibid.*, p.178)

---

[12] «A ce propos, justement en introduisant l'optique de l'articulation entre sémantique et pragmatique, nous pourrons avancer que *Le boucher* s'applique à un *x* qui satisfait à l'intension de *boucher* dans un «domaine pragmatiquement restreint», c'est-à-dire le domaine constitué ici par un supermarché spécifique. Le SN *Le boucher* exprime donc sémantiquement toujours «Le être-boucher» et non «Le (*x* qui est) boucher». » (pp.176-177)

となる．これについて FURUKAWA (1997) は次のように説明している．

「このことを理解するためには，次のことを思い起こすだけで十分である．定冠詞 les は定冠詞 le が集まったものではなく，複数形の印である s は les そのものではなく名詞あるいは名詞句全体に属している．換言すれば，les の s は文法的一致に過ぎない．したがって，Les Glaneuses というタイトルの中の le(s) は絵の中に表された個体ではなく，Glaneuse の内包を指示しているのである．故に，定冠詞の用法に関しては言語内的指示現象が関わっているのである．」[13]

要するに，

「定冠詞複数の les の用法においては，レベルの異なる二つの現象の共存が見られる．すなわち，内包指示という言語内現象と，言語外の現実を反映した複数形の現れである．」[14]

次の (31) の総称の les N に関しては，

(31) *Les hommes* sont mortels. (*ibid.*)

名詞句のレベルと限定詞のレベルを区別しなければならない．Les N は名詞句のレベルでは複数性がかかわっているので外延的であるが，限定詞のレベルでは内包的である．総称の les N は次のように図式化される．

(32)　a. LES générique = LE intensionnel + S
　　　b. S = pluralité d'occurrences constitutives d'une classe (*ibid.*, p.179)

(32) の図式の S の領域は述部の内容に応じて変化する．(33), (34) がそれを示している．

---

13 «Pour s'en convaincre, il n'est qu'à rappeler que l'article *les* n'est pas l'assemblage de l'article *le* et que par conséquent, la marque de pluriel *s* n'appartient pas en propre à l'article *les* lui-même mais au nom-substantif ou au tout constitué par le syntagme nominal ; autrement dit, *s* dans *les* n'est qu'un accord grammatical. Ainsi, l'article défini *le(s)* dans le titre *Les Glaneuses* ne réfère pas aux individus représentés sur le tableau, mais à l'intension de *Glaneuse*. On a donc affaire à un phénomène référentiel intra-linguistique quant à l'emploi de l'article défini.» (pp.177-178)
14 «On peut en effet voir dans l'emploi de l'article défini pluriel *les* la coexistence de deux phénomènes de niveaux différents : le phénomène intra-linguistique qu'est la référence intensionnelle et l'expression du pluriel refrétant la réalité extra-linguistique.» (p.178)

(33) *Les chats* me craignent. (LÉARD, 1987, p.142, cité par FURUKAWA, 1997, p.179)
(34) *Les chats* sont carnivores. (MARTIN, 1986, p.187, cité par FURUKAWA, 1997, p.179)

(33)ではSの領域は話者に近付く機会のあるネコに狭められているが，(34)では過去，現在，未来における全てのネコ，さらには架空のネコまでをもSが総量的に含んでいると解釈される．このようにSの領域は語用論的に決まるのである．

以上のように，FURUKAWA (1997) は MARTIN (1986) が残している問題点に対して解決を見出している．すなわち，意味論・語用論の二つのレベルに分けることにより，MARTIN (1986) が明確な説明を与えなかった「潜在的」な解釈のleに内包指示が認められ，さらに，名詞句と限定詞のレベルを区別することにより，MARTIN (1986) が外延指示を主張した総称のlesに関しても内包指示が適用されるため，leとlesが内包指示という同じ用法のもとに整然とまとめられるのである．

また，FURUKAWA (1998) においては，ce qu'on appelle... のようなメタ言語的な環境におかれた名詞句について述べられている．次の例，

(35) La poupée de la durande était le lien entre le bateau et la fille. On nomme *poupée* dans les îles normandes la figure taillée dans la proue, statue de bois sculptée à peu près. De là, pour dire naviguer, cette locution locale, être entre poupe et poupée. (V. HUGO, *Les Travailleurs de la mer*, cité par FURUKAWA, 1998, p.47)

において，無冠詞で現れているpoupéeは非指示的な位置に置かれており，一種の「ラベル」として機能している．この非指示的な位置には定名詞句が現れる場合もあり，次の二つの例，

(36) Que cette suite de la Genèse soit encore jusqu'à un certain point mythique, bien que le fond en soit narratif et historique, cela est incontestable ; et j'aurais plusieurs choses nouvelles et importantes à faire remarquer dans cette suite, qui confirmeraient pleinement le sens que je viens de donner du commencement de ce grand livre que l'on a nommé *le livre* par excellence, ou la Bible. (P. LEROUX, *De l'Humanité, de son principe et de son avenir...* , cité par FURUKAWA, 1998, pp.47-48)

(37) Hélas! Je ne saurais contenter ton envie ; j'ai vainement cherché le mot de cette vie, comme Faust et Don Juan, je ne sais rien de plus qu'au jour de ma naissance, et pourtant je faisais dans ma toute-puissance le calme et l'ouragan. Pourtant l'on me nommait par excellence *l'homme* : L'on portait devant moi l'aigle et les faisceaux, comme aux vieux Césars romains ; [...] (T. GAUTIER, *La Comédie de la mort*, cité par FURUKAWA, 1998, p.52)

において，(36) の le livre の定冠詞は外延の世界に属する本を指示しているのではなく，これぞ優れて「本」であるという記述内容を指示しているのである．ここでの定冠詞の指示はメタ言語的環境の内部に留まっており，したがって定冠詞は livre の内包を指示しているのである．また，(37) の l'homme も同様に，これぞ優れて「男」であるということを記述しており，定冠詞は homme の内包を指示している．これらの定冠詞が内包を指示していることは，(36) では直後に，(37) では直前に par excellence という表現があることから明らかである．

　以上が，定冠詞の内包指示的用法であるが，記述機能と指示機能，役割と値，内包と外延という概念を通じて，名詞句を考察する際には，言語内レベルと言語外レベルという二つのレベルの区別が重要であることが明らかになったと思われる．

第 1 章

コピュラ文の属詞として現れる
無冠詞名詞句

第 1 章　コピュラ文の属詞として現れる無冠詞名詞句

名詞が無冠詞で現れる例として第一に挙げられるのは，コピュラ文の属詞の位置，とりわけ être の後に現れるものであろう (1, 2).

(1) En lisière de la fête, Michel et Marie-Hélène Antoine promènent un regard amusé sur cette houle bruyante et colorée. Lui est *professeur d'anglais*, elle, *documentaliste*. (*L'Express*, 2467, 15/10/1998, p.28)

(2) Parce qu'elle est *ministre*, Dominique Voynet n'a pour l'instant rien à gagner à une détérioration des rapports entre les partis de la majorité et à une compétition fondée sur l'importance de la représentation des uns et des autres dans l'équipe Jospin. (*Nouvel Observateur* [désormais, *N.O.*], 1775, 12/11/1998, p.30)

このような場合，無冠詞で現れる名詞は，よく知られているように，一般に，職業，身分，国籍等を表すものである．

本章では，このようなコピュラ文の属詞として現れる無冠詞名詞句がどのような性質のものであるかについて考察を行う．

1. 先行研究

1. 1. 文法書における記述

属詞の位置には，名詞も形容詞も現れうるが，名詞が表れる場合，限定詞を伴うか否かが大きな問題となる．上述のように，属詞の名詞が，職業，身分，国籍等を表す場合，無冠詞であることが多いことはさまざまな研究者によって指摘されている．RIEGEL, PELLAT & RIOUL (1994) においては，次のように述べられている．

「主語または目的補語の属詞 (On l'a élu *député* — On l'a nommé *général*. — Elle a pris un vieillard pour *amant*) が職業，社会的役割あるいは身分，国籍を表す場合，この属性付与がクラス分け (classement) の操作しか行っていなければ限定詞を付けないのが慣例である [...]」[1]

---

1 «Lorsque l'attribut (du sujet ou du complément d'objet : *On l'a élu député* —*On l'a nommé général*. —*Elle a pris un vieillard pour amant*) désigne une profession, un rôle ou un statut social, une nationalité, l'absence de déterminant est de règle si cette attribution n'a pour rôle que d'opérer un classement [...]» (RIEGEL, PELLAT & RIOUL, 1994, p.165)

しかしながら，職業，身分，国籍等を表す場合に必ず名詞は無冠詞であるというわけではなく，RIEGEL, PELLAT & RIOUL は次のように続けている．

> 「[...] 補足的な特徴付けまたは限定がこれに加わると，限定詞が再び現れる：Jean est médecin / un bon médecin / le médecin de Pierre — Je suis soldat（単なる身分の限定）/ Je suis un soldat（「その名にふさわしい」）— Gérard est français jusqu'au bout des ongles[2] / est un excellent Français.」[3]

上の説明でとりわけ興味深いのは，Je suis soldat と Je suis un soldat の対比であろう．RIEGEL, PELLAT & RIOUL によれば，Je suis soldat は単に身分を述べているだけであるが，Je suis un soldat は「兵士」の名にふさわしい存在であるという特徴付けが加わっている．また，TOGEBY (1982) は，属詞の位置に現れる職業や役職を表す名詞が無冠詞か不定冠詞付きかの違いについて次のように述べている．

> 「職業やその他の役職を表す名詞においては，冠詞の欠如は中立的な意味を示し，一方，不定冠詞の使用は個別化 (individualisation) や分類 (classification) を表す．」[4]

さらに，TOGEBY は，職業名に限らず，より一般的に，属詞位置に現れる名詞の不定冠詞の有無について次のように述べている．

> 「一般に，無冠詞の属詞は形容詞に近く，記述的になると言える．一方，不定冠詞は，属詞が名詞であり，分類の中に入れられるタイプであることを強調している．」[5]

---

2 この例は冠詞の欠如としては適切な例ではない．なぜなら，通常「フランス人」という意味の名詞はFrançais のように大文字で書き始められるはずであるからである．もし，この例のfrançais を大文字で書き始めたならば，不自然であるという印象を与えることになる(?Gérard est *Français* jusqu'au bout des ongles)．これは，jusqu'au bout des ongles という表現が比喩的に程度を強調していると解釈されるため，français が明らかに形容詞として用いられているからである．

3 «[...] dès que s'y ajoute une caractérisation ou une détermination supplémentaire, le déterminant réapparaît : *Jean est médecin / un bon médecin / le médecin de Pierre* —*Je suis soldat* (simple détermination d'un statut) / *Je suis un soldat* («digne de ce nom») —*Gérard est français jusqu'au bout des ongles / est un excellent Français.*» (RIEGEL, PELLAT & RIOUL, 1994, p.165)

4 «Avec les noms de métiers et autres fonctions, l'absence d'article indique un sens neutre, tandis que l'emploi de l'article indéfini exprime l'individualisation et la classification.» (TOGEBY, 1982, p.73)

5 «En général, on peut dire que l'attribut sans article s'approche de l'adjectif, devient descriptif, tandis que l'article indéfini souligne qu'il s'agit d'un substantif, d'un type qu'on fait entrer dans une classification.» (TOGEBY, 1982, p.72)

属詞として現れる無冠詞名詞に指示機能があるとは考えにくいため，Togeby が指摘するように，もっぱら記述的に用いられていることは間違いないであろう．Grevisse (1993) も，形容詞と同様に性質のみを表す場合に属詞名詞が無冠詞になることを指摘している．

1. 2. Riegel (1985)

Riegel (1985) は名詞の形容詞的用法を二つのタイプに分類している．

> 「第一のタイプは，［＋ヒト］の全ての名詞に当てはまり，文体的に非常に有標であるが，品質形容詞の定義的特性の大部分を与えている．第二のタイプは，人を表す名詞の下位クラスに制限されており，形容詞の定義的特性の一部しか与えていない．」[6]

Riegel は，第一のタイプが「全体的形容詞化」(adjectivation totale)，第二のタイプが「部分的形容詞化」(adjectivation partielle) に対応し，次の例の二つの読みがこれら二つのタイプを表していることを指摘している．

(3) Pierre est *professeur*. (p.195)

第一の読み（「ピエールは教師然としている」）においては，(3) は Comment est Pierre? という質問に対する答えとなり，Pierre est doctoral / professoral / pédant / pontifiant のような形容詞を用いた属辞構文によってパラフレーズすることが可能である．また，être を faire に換えることが可能であり (Pierre fait (très) professeur)，Pierre est un professeur という不定冠詞を含む構造を含意していない．さらに，程度を表すいくつかの副詞との共起が可能である (Pierre (n') est (pas) très professeur / Pierre est si peu professeur / Pierre est tout à fait professeur / Pierre est de plus en plus professeur / Pierre est le plus professeur de tous). 一方，第二の読み（「ピエールは教師である」）においては，(3) は Que fait Pierre (dans la vie)? / Quelle est la

---

[6] «Le premier type, applicable à tous les substantifs [+humain] et stylistiquement très marqué, leur confère l'essentiel des propriétés définitoires de l'adjectif qualifiant. Le second est restreint à une sous-classe de substantifs humains auxquels il ne confère qu'une partie des propriétés définitoires de l'adjectif.» (Riegel, 1985, pp.194-195)

31

profession de Pierre? という質問に対する答えとなり，Pierre enseigne によってパラフレーズすることが可能である．この場合，程度を表す副詞との共起は不可能であり，Pierre est un professeur という不定冠詞を含む構造を含意している．以上が，(3) の二つの読みについての RIEGEL の説明であり，第一の読みが「全体的形容詞化」，第二の読みが「部分的形容詞化」に対応している．

また，RIEGEL は，第二の読みが不定冠詞を含む構造を含意しているため，SN_0-être-(un)-N_1 構文と名付けているが，この構文について次のように述べている．

「SN_0-être-(un)-N_1 構文が示している統辞的特性が不均質である (hétérogène) という特徴は，この構文をいわば SN_0-être-Adj という構文（この構文は主語に複合的な特徴を付与する）と SN_0-être-un-N_1 という構文（複合的な特徴は N1 というクラスとの関係で標定され，この特徴を付与することにより，主語がこのクラスに属することが含意される）の中間的な構文とする分析を確証しているように思われる．」[7]

要するに，属詞の位置に現れる職業，国籍等を表す無冠詞名詞句は，不定名詞句と形容詞の中間的存在であると RIEGEL は考えているのである．[8]

1. 3. KUPFERMAN (1991)

属詞として現れる無冠詞名詞句についての研究の中には，不定名詞句との比較を問題としているものがいくつか見られるが[9]，その中から KUPFERMAN (1991) を取り上げることにする．KUPFERMAN は，無冠詞名詞句と不定冠詞付きの名詞句の

---

[7] «Le caractère hétéogène des propriétés syntaxiques manifestées par la construction [SN_0-être-(un)-N_1] semble effectivement confirmer les analyses qui en font une sorte d'intermédiaire entre les constructions SN_0-être-Adj (elle assigne au sujet une caractéristique complexe) et SN_0-être-un-N_1 (la caractéristique complexe est repérée par rapport à la classe N_1 et son assignation implique l'appartenance du sujet à cette classe).» (RIEGEL, 1985, p.198)

[8] 朝倉 (1967) も次のように述べている．
「しかし，無冠詞名詞が副詞を伴わずに主語の属辞となるありふれた構文，たとえば Elle est *musicienne*.「彼女は音楽家である」において，*musicienne* が名詞であるか形容詞であるかは，すぐには決定しがたい．MAROUZEAU (*Notre langue*, 144) によると，これが名詞の形容詞化の第1段階であるが，形容詞化はこの段階ではまだ潜在的 (en puissance) でしかない．つまり，このままでは名詞とも形容詞ともつかないが，très を添えるととたんに形容詞になる力を潜在的に持っている，というのである．IMBS (*Mélanges Dauzat*, 158) もこの属辞に名詞と形容詞の中間の価値を認めている．」(p.98)

[9] JEUNOT (1983), BOONE (1987) など．また，TAMBA-MECZ (1983) は，属詞位置の形容詞と形容詞から派生した名詞について比較を行っている．

第 1 章　コピュラ文の属詞として現れる無冠詞名詞句

関係を一時的状態を表す形容詞と本質的特徴を表す形容詞の関係と対比させ，無冠詞名詞句が一時的状態を表す形容詞と統辞的に共通していることを指摘している．例えば，絶対構文 (4)，存在文 (5)，avoir の二次叙述 (6) においては，一時的状態を表す形容詞と Ø N は容認されるが，本質的特徴を表す形容詞と un N は容認されない．

(4) a. Avec Luc *de malade / d'ivre / d'absent*
　　b. Avec Luc *médecin / président / père de huit enfants*
　　c. *Avec Max *de blond / d'intelligent / de gros / d'étrange*
　　d. *Avec Max *un médecin / un président / un père de huit enfants* (KUPFERMAN, 1991, p.63)
(5) a. Il y avait un invité *de malade / d'ivre / d'absent*
　　b. Il y avait un invité *médecin / président / père de huit enfants*
　　c. *Il y avait un invité *de blond / d'intelligent / de gros / d'étrange*
　　d. *Il y avait un invité *un médecin / un président / un père de huit enfants* (*ibid.*)
(6) a. Elle a un frère *de malade / d'ivre / d'absent*
　　b. Elle a un frère *médecin / président / père de huit enfants*
　　c. *Elle a un frère *de blond / d'intelligent / de gros / d'étrange*
　　d. *Elle a un frère *un médecin / un président / un père de huit enfants* (*ibid.*)

外置された不定名詞句を持つ構文における二次叙述 (7) やアスペクト動詞が支配する二次叙述 (8) においても，一時的状態を表す形容詞と Ø N のみが容認される．

(7) a. Il est devenu *malades / ivres / furieux* toute sortes de gens
　　b. De nos jours, il devient *PDG* des gens qui n'ont pas le certificat d'études (exemple de Rivière, 1981)
　　c. *Il est devenu *blonds / gros / étranges* toute sortes de gens
　　d. *De nos jours, il devient *des PDG* des gens qui n'ont pas le certificat d'études (*ibid.*)
(8) a. Paul a terminé (débuté) *ivre / satisfait* du résultat
　　b. Paul a terminé (débuté) *neuro-chirurgien / concierge / moon*
　　c. *Paul a terminé (débuté) *courageux / orgueilleux / correct*

33

d. *Paul a terminé (débuté) *un neuro-chirurgien / un concierge / un moon* (*ibid.*, p.64)

また，(9) のように，叙述が付加された固有名詞が比較されている場合，事態 (instance) を標定するものでなければならず，一時的状態を表す形容詞かØN が付加されているもののみが容認される．

(9) a. Hugo *ivre* est une image aussi célèbre qu'Hugo *furieux*
   b. Hugo *poète* est aussi célèbre qu'Hugo *sénateur*
   c. *Hugo *courageux* est aussi célèbre qu'Hugo *crédule*
   d. *Hugo *un poète* est aussi célèbre qu'Hugo *un sénateur* (*ibid.*)

(10) のように主語が指示的に不定な場合も，属詞は一時的状態を表す形容詞かØN でなければならない．

(10) a. Un invité est *malade / ivre / absent / furieux*
   b. Un invité est *médecin / président / père de huit enfants*
   c. *Un invité est *blond / intelligent / gros / étrange*
   d. *Un invité est *un médecin / un président / un père de huit enfants* (*ibid.*, p.65)

以上の観察から，être ØN は一時的状態を表す叙述 (prédicats épisodiques) と同化し，être un N は特性を記述している内的叙述 (prédicats internes) と同化していることが明らかである．ØN が一時的状態を表し，un N が恒常的性質を表すという指摘は，PICABIA (2000) においても見られる．PICABIA は sauveur（救い主）と sauveteur（救助隊員）の違いに着目し，次の例を挙げている．

(11) a. Paul est *un sauveur*.
   b. *Paul est *sauveur*. (PICABIA, 2000, p.82)
(12) a. *Paul est *un sauveteur*.
   b. Paul est *sauveteur*. (*ibid.*, p.83)

すなわち，sauveur は個体を定義付ける内的性質を表すため不定冠詞を伴うが，

第1章 コピュラ文の属詞として現れる無冠詞名詞句

sauveteur は個体に与えられた外的性質を表すため無冠詞となっているということである．さらに，Picabia は，Ø N が内的性質を表し，un N が外的性質を表すという区別を次の例によっても説明している．

(13) a. Paul est *Français*.
    b. Paul est *un Français*. (*ibid.*)

ポールがフランス国籍を持っていることを主張したい場合は，(13a) が発話されるが，ポールがアメリカに移住し，そこでフランス人の典型であると想像される特徴（例えば，バスク風のベレー帽，バゲット，フランス産のチーズやワインなど）を示すとすれば，(13b) が発話されることになると Picabia は述べている．

さらに，Kupferman (1991) は，一時的状態を表すもののみが可能である環境として，分詞構文を挙げている．(14) が示すように，ある個体を特徴付けるような安定した状態を記述する形容詞は，主語を伴う分詞構文やジェロンディフの述部にはなりえない．

(14) a. *Paul étant *gourmand*, Léa lui fera un gâteau
      *Sam étant *mince*, on lui coupera le gilet
      *Cette rue étant *escarpée*, nous la grimpons difficilement
    b. *En étant *gourmand*, Paul se fait des gâteaux
      *En étant *mince*, Sam se fait couper son gilet
      *En étant *escarpée*, cette rue est difficile à grimper (Kupferman, 1991, p.65)

一方，(15) に見られるように，事態を記述する形容詞に関してはこのような制約はない．

(15) a. Paul étant *présent*, nous commençons
      Sam étant *furieux*, nous avons dû le calmer
      Cette rue étant *encombrée*, on passera par la suivante
    b. En étant *présents*, nous pourrons mieux comprendre
      En étant *furieux*, Sam se causait inutilement du tort
      En étant *encombrée*, cette rue perturbait la circulation (*ibid.*)

(14) と (15) に見られる対比は, un N と Ø N の間にも存在する. すなわち, un N は主語を伴う分詞構文とジェロンディフからは排除されるのである (16).

(16) a. Paul étant *un / Ø pédiatre*, j'ai eu recours à lui
    Sam étant *un / Ø Chilien*, il a dû émigrer
    Léa étant *une / Ø veuve*, elle a touché une rente
  b. En étant *un / Ø pédiatre*, tu soignerais tes enfants
    En étant *un / Ø Chilien*, tu risquerais des ennuis
    En étant *une / Ø veuve*, elle touchera une rente (*ibid.*, p.66)

このような観察から, KUPFERMAN は, un N 型の属詞が出来事的でない叙述 (prédication non-événementielle) に属するのに対し, Ø N 型の属詞は出来事的な叙述 (prédication événementielle) に属するとしている. 言い換えれば, un N は「モノ」的に, Ø N は「コト」的に捉えられているということになるであろう.

　以上の先行研究をまとめると, 属詞として現れる無冠詞名詞句には, 全体的に形容詞化したものと, 部分的に形容詞化したものがあり, 職業, 身分, 国籍等を表す場合は基本的には後者に分類される. このような無冠詞名詞句は, 不定冠詞付きの名詞句と形容詞の中間に位置付けられる. また, 不定名詞句が本質的特性を表すのに対し, 無冠詞名詞は一時的状態を表し, 出来事的な解釈を持つ.

2. 属詞無冠詞名詞句の分布

　ここで, コピュラ文の属詞として現れる無冠詞名詞句の実例を観察することにする. 報道文からなるコーパスにおいては[10], ほとんどの例が人を主語とし, 属詞は職業, 肩書き, 身分等を表していた. また, コピュラとしては, être と devenir しか見られなかった. 以下では, コピュラが être の場合と devenir の場合に分けて観察を行う.

---

10 *L'Express*, 2463, 17 / 9 / 1998, *L'Express*, 2467, 15 / 10 / 1998, *Nouvel Observateur*, 1772, 22 / 10 / 1998, *Nouvel Observateur*, 1775, 12/11/1998

2.1. être Ø N

名詞句の解釈上,不定名詞句との対比が想定されるものと定名詞句との対比が想定されるものとに分類できる.

2.1.1. être un N との対比が想定される場合

このタイプに分類されるもののほとんどが,職業,肩書き,身分のいずれかを表している.次の (17-21) においては,属詞位置の無冠詞名詞句は職業を表している.

(17) Lui [= Mehdi], il a décidé d'être sérieux. Il a accepté la réalité, il ne pourra pas être [Ø/? un] *prof de sport*, il n'a pas suivi la bonne filière. (*N.O.*, 1772, 22 / 10 / 1998, p.43)

(18) En lisière de la fête, Michel et Marie-Hélène Antoine promènent un regard amusé sur cette houle bruyante et colorée. Lui est [Ø/? un] *professeur d'anglais*, elle, [Ø/? une] *documentaliste*. [= (1)]

(19) Le sujet de «l'Eternité et un jour» est un vrai sujet, que l'on peut désigner par une question : écrire ou vivre? Donc, si l'on veut, c'est un problème d'écrivain, d'artiste. Mais si le personnage n'était pas [Ø/? un] *écrivain*, le problème se poserait de la même façon. (*N.O.*, 1772, 22/10/1998, p.55)

(20) Acteur donc, poète, auteur dramatique et metteur en scène, cet insolite [= André Roussin] est, pendant un temps, [Ø/? un] *psychothérapeuthe* [sic]. (*N.O.*, 1772, 22 / 10 / 1998, p.60)

(21) Parce qu'elle est [Ø/? une] *ministre*[11], Dominique Voynet n'a pour l'instant rien à gagner à une détérioration des rapports entre les partis de la majorité et à une compétition fondée sur l'importance de la représentation des uns et des autres dans l'équipe Jospin. [=(2)]

(17-21) における無冠詞名詞句は,いずれも不定冠詞との共起が困難であり,これ

---

[11] 本来 ministre という語は男性名詞として用いられるが,主語が女性であるため,最近の傾向に従い,不定冠詞は une を想定した.このことは容認度には一切影響しておらず,たとえ un に代えたとしても依然として全く容認されない.

らの名詞句が属詞位置において指示機能を持ちえないことは明らかである．
次の (22-25) においては，職業や肩書きを表す名詞句が等位あるいは並置されている．

(22) Depuis 1973 – et la sortie de *Forces of Victory*, un fameux album – l'artiste anglo-jamaïquain [= Linton Kwesi Johnson] qui est aussi [Ø/? *un*] *journaliste*, [Ø/? *un*] *directeur de label* (le sien) et [Ø/? *un*] *homme d'affaires*, danse sur ses doutes, égrène ses textes engagés sur fond de dub, instrumentaux chaloupés empruntés à la musique rasta. (*L'Express*, 2463, 17/9/1998, p.64)

(23) Sue cherche du boulot, des amis, croit trouver un amour. Un amour en pleine «flexibilité (Alain Madelin devrait voir ce film), puisque son chéri de quelques nuits fut [Ø/? *un*] *vendeur de cassettes vidéo*, [Ø/? *un*] *chef cuisinier*, [Ø/? *un*] *journaliste*. (*L'Express*, 2463, 17/9/1998, p.67)

(24) Des ados persuadés qu'ils n'ont aucune chance de vivre un jour ailleurs que dans leur cité, ce territoire qu'ils défendent bec et ongles, où ils ne supportent plus qu'aucun étranger pénètre, fût-il [Ø/? *un*] *médecin* ou [Ø/? *un*] *travailleur social*. (*L'Express*, 2467, 15/10/1998, p.27)

(25) Ceux-là [= René Ricol et Michel Rouger] se respectent et sont respectés. L'un est [Ø/? *un*] *expert-comptable*, [Ø/? *un*] *ancien président de l'ordre*. L'autre, actuellement en charge du comité des comptes du conseil d'administration de Bouygues, est un ancien président du tribunal de commerce de Paris. (*N.O.*, 1772, 22/10/1998, p.17)

(22-25) においても，不定冠詞との共起は容認されない．とりわけ興味深い例は，(25) であり，二人の人物のうち，後者は un ancien président du tribunal de commerce de Paris のように属詞名詞句が不定冠詞付きで記述されているのに対し，前者は ancien président de l'ordre が属詞位置において無冠詞で現れており，不定冠詞を加えることができないのである．これには，前者の ancien président de l'ordre という肩書きが expert-comptable と並置されていることが大きく関わっていると考えられる．すなわち，どちらの名詞句もこの人物に関する肩書きの記述としての役目しか持たないという対等なものとして並べられているのである．

以上の例における属詞名詞句は，主語となっている人物に関して，職業，肩書

第1章 コピュラ文の属詞として現れる無冠詞名詞句

き，身分といった属性を記述しているだけであり，決してその属性の程度は問題となっていない．したがって，これらは全て RIEGEL (1985) の言う「部分的形容詞化」に当てはまることになる．

なお，次の (26) における属詞名詞は無冠詞で現れているが，職業や身分を表しているとは言い難い．

(26) Une fille : «Nous ne voulons pas être [Ø /? des] acteurs dans la réforme d'Allègre. Il est en train de détourner le mouvement lycéen pour faire passer sa réforme. La Fidl veut nous faire gober ça. C'est pas ça que nous voulons!» (N.O., 1772, 22 /10 /1998, p.43)

(26) における acteurs は無論「俳優」という職業を表しているわけではないが，記述的機能しか持たないため無冠詞で現れ，冠詞との共起は容認されない．

また，次の (27) における属詞名詞句は，身分を表していると解釈できるが，不定冠詞との共起が可能であると判断される．

(27) De toute façon, dans le contexte de majorité plurielle, Voynet ne peut dénigrer les mérites de la loi Verdeille, dont l'auteur était [Ø /un] sénateur socialiste! (L'Express, 2463, 17 / 9 / 1998, p.19)

(27) において不定冠詞が容認される理由は二つ考えられる．一つは，sénateur socialiste という職業あるいは身分があらかじめ存在していないため，職業や身分として記述し難いということである．そしてもう一つは，主語の l'auteur を値としてではなく，役割として解釈することが可能であるため，関係節内をいわゆる同定文[12]として捉え，属詞の位置に値として解釈される名詞句が要求される状況を想定することができるということである．いずれにせよ，(27) は特殊な例であり，ほとんどの例においては不定冠詞との共起が困難であるため，無冠詞名詞句中の名詞が通常の名詞とは同じステイタスを持っていないということは明らかである．

---

12 同定文とは，例えば，le premier ministre du Japon est Jun'ichiro Koizumi のように，「値変化の役割解釈を受ける非指示的主語名詞句と，その値を同定する指示的な属詞とからなる」コピュラ文のことである (cf. 坂原, 1990, p.4)．ただし，BOONE (1998) は，このような文を同定文とは認めず，倒置された記述文であるとしている．

39

2.1.2. être le N との対比が想定される場合

定名詞句との対比が想定される場合は,不定名詞句との対比が想定される場合とは幾分状況が異なっている.
次の (28), (29) は,(17-27) と同様,職業,肩書き,身分を表している.

(28) Dans la voiture qui, ce matin de septembre, l'amène de Loudun — dont il est [Ø / le] maire depuis 1959 — à Poitiers — siège du conseil général de la Vienne, qu'il préside, et où se trouve le Futuroscope, sorti tout droit de son imagination — René Monory se confie un peu. (*L'Express*, 2463, 17 / 9 / 1998, p.16)

(29) Frédégonde ? On sait peut-être qu'elle fut [Ø /? la] reine de Neustrie, un des Etats du nord de la France mérovingienne, au VIe siècle. (*L'Express*, 2463, 17/9/1998, p.71)

これらの無冠詞名詞句が定名詞句と対比されうるのは,どちらも限定的な修飾語句を伴っており,属詞名詞句に対応する値が唯一であると判断されるからであるが,実際に定冠詞が容認されるのは (28) の方だけである.さらに,この例は,定名詞句との対比が想定される例の中で唯一定冠詞との共起が容認される例でもある.しかしながら,たとえ定冠詞が現れたとしても,ここでの属詞名詞句は依然として記述的に働くと考えられる.(28), (29) における属詞は,純粋に肩書きあるいは称号を記述しており,「部分的形容詞化」として扱われうると考えられる.

しかしながら,次の (30), (31) についてはどうであろうか.

(30) Monica Lewinsky est allée solliciter Clinton. Puis elle a tout raconté à sa mère et à ses amies. Ce fut sa jouissance à elle. Raconter quoi ? Que Clinton, le maître du monde, n'est pas [Ø /? le] maître de ses pulsions sexuelles. (*L'Express*, 2463, 17/ 9 /1998, p.42)

(31) A vous lire, Hun Sen est [Ø /? le] porteur de tous les vices, responsable de tous les malheurs du pays, et le roi Sihanouk, le prince Ranariddh et Sam Rainsy sont de pauvres victimes, de gentils démocrates armés uniquement de bonne volonté. (*L'Express*, 2467, 15/10 /1998, p.6)

(30) の maître de ses pulsions sexuelles,(31) の porteur de tous les vices は,どちら

も，職業，肩書き，身分等を表しているとは考えられない．(30) においては，前に現れている le maître du monde という表現とかけて，属詞に maître という語が用いられているが，これは「支配者，指導者」という具体的な身分を表すわけではなく，être maître de がひとまとまりとなって「～を支配する，～を抑えられる」という意味を記述している．また，(31) においては，porteur は無論「ポーター」という職業を表しているわけではなく，être porteur de tous les vices 全体が être porteur d'une maladie との関連で比喩的に用いられていると考えられる．したがって，(30), (31) における属詞の無冠詞名詞句は，職業，肩書き，身分等とは無関係に，主語の属性を記述しているのである．

次の (32) についても，(30), (31) と事情は同様であろう．

(32) Le président algérien annonce une élection présidentielle anticipée à laquelle il ne sera pas [Ø /? le] candidat. (L'Express, 2463, 17/9/1998, p.32)

(32) において，candidat は一見「候補者」という一種の身分を表しているように見えるが，むしろ être candidat というまとまりで「立候補する」という出来事的内容を記述しているように思われる．(30) から (32) の例は，いずれも定冠詞との共起がかなり困難であると判断される．

以上の定名詞句との対比が想定される例における観察から言えることは，不定名詞句との対比が想定される例とは異なり，全てを「部分的形容詞化」として扱うことができないということである．しかしながら，「部分的形容詞化」に当てはまらないものを，「全体的形容詞化」に同化させることができるかどうかはいささか疑問である．このような名詞の形容詞化の問題については後で詳しく触れることにする．

2. 2.　devenir Ø N

この構文の実例においては，属詞として現れる無冠詞名詞句は全て職業，肩書き，身分等を表すものであった．次の (33-36) は，不定名詞句との対比が想定される例である．

(33) A l'issue de sa seconde, Anne voudrait faire une première littéraire pour, à terme, devenir [Ø /? une] institutrice. (N.O., 1772, 22 /10 /1998, p.42)

(34) Il [= Claude Allègre] nous a dit que quand il était au lycée, ils étaient 40 par classe et que cela ne l'avait pas empêché de devenir [Ø/? un] *ministre*. Nous le félicitons, mais que sont devenus les 39 autres? (*N.O.*, 1772, 22/10 /1998, p.43)

(35) Un livre remarquable [...] et tout récent d'une enseignante devenue [Ø/? une] *sociologue*, Anne Barrère, nous dit mieux que quiconque ce qu'est la fameuse «*absence de sens*» de leurs études. (*N.O.*, 1772, 22 /10 /1998, p.45)

(36) Le 9 juin dernier, Robert Lagier, 65 ans, un maçon pied-noir devenu [Ø/? un] *colleur d'affiches du Front national*, comparaissait avec deux complices devant la cour d'assises d'Aix-en-Provence pour avoir tué, d'une balle dans le dos, Ibrahim Ali, un lycéen français d'origine comorienne. (*L'Express*, 2463, 17 / 9 / 1998, p.26)

(33-36) における属詞位置の無冠詞名詞句は，いずれも不定冠詞との共起が完全に容認されないと判断される．

次の (37), (38) においては，不定冠詞との対比が想定される無冠詞名詞句が等位または並置されている．

(37) Avec cette ambition brillante, cette assurance pragmatique, elle [= Hillary Clinton] pouvait devenir [Ø/? une] *sénatrice*, [Ø/? une] *gouverneur*, [Ø/? une] *présidente*. (*L'Express*, 2463, 17 / 9 /1998, p.48)

(38) Longtemps, il est vrai, il [= Eric Rohmer] s'est demandé s'il deviendrait [Ø/? un] *écrivain* ou [Ø/? un] *cinéaste*. (*L'Express*, 2463, 17/9/1998, p.66)

これらの例における無冠詞名詞句も，不定冠詞との共起は全く容認されない．

次の (39) においては，定名詞句との対比が想定される無冠詞名詞句が等位に置かれているが，定冠詞との共起は非常に困難であると判断される．

(39) En devenant successivement [Ø/? le] *Premier ministre de Giscard* puis [Ø/? le] *président du RPR* et enfin [Ø/? le] *maire de Paris*, Jacques Chirac intègre alors dans sa garde rapprochée la plupart des jeunes pousses néogaullistes : Juppé, Toubon, Debré ... Pas Séguin. (*N.O.*, 1772, 22 /10 /1998, p.24)

第 1 章　コピュラ文の属詞として現れる無冠詞名詞句

　このように，devenir の属詞として現れる無冠詞名詞句の収集例の中には，冠詞との共起が問題なく容認される例は一つも見られないという結果が出ている．これらは全て職業，肩書き，身分等を表すものであり，「部分的形容詞化」として扱われうる．

　最後に，コピュラは用いられていないが，主語の属詞として働いている無冠詞名詞句が現れている例を示すことにより，本節をしめくくることにする (40 - 42)．

(40) Voyez Clemenceau, qui finit [Ø/? le] *premier flic de France*! (*L'Express*, 2463, 17/ 9 /1998, p.14)

(41) D'abord mécanicien, puis pilote sur la ligne Toulouse-Casa-Dakar, Saint-Exupéry est bientôt nommé [Ø/? le] *chef d'escale à Cap-Juby*, un fortin espagnol situé en plein désert, que les pilotes rejoignent après avoir longé la côte marocaine. (*N.O.*, 1775, 12 /11 /1998, pp. 9-10)

(42) [Ø *Paysan* /? *Un paysan*] je [= Jean-François Millet] suis né, [Ø/? *un*] *paysan* je mourrai. (*L'Express*, 2463, 17 /9 /1998, p.62)

これらの例においては，無冠詞名詞句はいずれも職業，肩書き，身分等を表すものである．

　次節では，コピュラ文の属詞として現れる無冠詞名詞句について，形容詞化の観点から細かい考察を行う．

3.　無冠詞名詞の形容詞化

3. 1.　「役割記述機能」と「性質記述機能」

　「部分的形容詞化」に当てはまる職業，役職，身分等を表す名詞は，属詞位置において無冠詞で現れるということ以外にも形容詞と共通する特徴がいくつか見られる．

　まず代名詞化の問題が挙げられる．属詞位置に現れる無冠詞名詞が代名詞化される場合，(43), (44) のように，性数変化を伴った人称代名詞によって言い換えられるのではなく，

(43) a. Ma cousine sera *étudiante*. (RIEGEL, 1985, p.193)
　　 b. *Ma cousine *la* sera. (*ibid.*)
(44) a. Mes cousins seront *étudiants*. (*ibid.*)
　　 b. *Mes cousins *les* seront. (*ibid.*, p.194)

形容詞の場合と同様，中性代名詞によって代名詞化されなければならないのである (45-47).

(45) a. Il sera *instituteur*. (*ibid.*, p.198)
　　 b. Il *le* sera. (*ibid.*)
(46) a. Elle sera *institutrice*. (*ibid.*)
　　 b. Elle *le* sera. (*ibid.*)
(47) a. Ils seront *instituteurs*. (*ibid.*)
　　 b. Ils *le* seront. (*ibid.*)

また，CURAT (1999) が指摘するように，属詞位置の無冠詞名詞句は，関係節の先行詞になることができない (48, 49).

(48) Cet homme est *plombier* + # qui s'y connaît / que tu connais. (CURAT, 1999, p.227)
(49) Cet homme est *un plombier* + qui s'y connaît / que tu connais. (*ibid.*)

これは (48) の plombier が指示対象を持たないからであり，関係節の先行詞になるためには (49) のように限定詞が必要となる.

さらに，NOAILLY (1990) は，職業 (*boulanger, avocat*)，生来の状態 (*nain, géant*)，社会的状況 (*ami, ennemi ; célibataire, veuf*) を表す名詞が非常に特殊なものであると述べている. すなわち，これらの名詞は，ごく自然に名詞的に用いられる (*une géante ; mon avocat*) が，形態的には形容詞に近く，いずれの名詞も固定した性 (genre fixe) を持たないのである[13] (cf. NOAILLY, 1990, p.29).

---

[13] CURAT (1999) は，多くの肩書きや職業名が固定した性を持つことを指摘しているが，これは，純粋に言語的な問題ではなく，社会的な問題が関わっているように思われる. CURAT も認めているとおり，近年，本来男性形しかない職業名が女性形で使われるようになっているのも事実であり，これは社会的影響が及んでいるからであろう.

このように，属詞として現れる無冠詞名詞が中性代名詞によって置き換えられること，関係節の先行詞になれないこと，名詞そのものが本質的に性を持たないことなどから，職業，身分等を表す名詞は非常に形容詞に近い性質を持つと推測される．

しかしながら，KUPFERMAN (1991) は，限定辞の欠如が名詞から形容詞への移行，すなわち形容詞化の標識であるという考え方に反論している．その根拠の一つとして，代名詞 en による小辞化を挙げている (50, 51)．

(50) a. Paul est satisfait *de ce collège*.
 b. Paul est directeur *de ce collège*. (KUPFERMAN, 1991, p.53)
(51) a. Paul *en* est satisfait.
 b. *Paul *en* est directeur. (*ibid.*, p.54)

(50a) において，satisfait という形容詞の被制辞である de 以下の前置詞句は，(51a) のように，en による代名詞化が可能であるが，(50b) の directeur という無冠詞名詞に結びついている前置詞句は，(51b) が示すように，en に置き換えることができない．

確かに，無冠詞名詞に結びついた de を伴う前置詞句が en に置き換えられにくいという現象は，筆者の収集例を元に作った次の例においても観察される (52-55)．

(52) a. René Monory est maire *de Loudun* depuis 1959.
 b. ?René Monory *en* est maire depuis 1959.
(53) a. Frédégonde fut reine *de Neustrie*.
 b. ?Frédégonde *en* fut reine.
(54) a. René Ricol est ancien président *de l'ordre*.
 b. ?René Ricol *en* est ancien président.
(55) a. Robert Lagier est devenu colleur d'affiches *du Front national*.
 b. ?Robert Lagier *en* est devenu colleur d'affiches.

このような場合，無冠詞名詞（句）は自立性がなくコピュラに依存しているという意味で形容詞的であるが，de を伴う補語がコピュラと無冠詞名詞（句）が結合

したもの (être Ø N) にではなく，無冠詞名詞（句）に直接かかっているという意味では名詞的である。このような統辞的観点からは，RIEGEL (1985) の言うように，名詞と形容詞の中間的存在であり，「部分的形容詞化」に当たるものであるように思える。

一方，次の例における無冠詞名詞の補語は en による代名詞化が可能である (56, 57)。

(56) a. Bill Clinton n'est pas maître *de ses pulsions sexuelles*.
　　　b. Bill Clinton n'*en* est pas maître.
(57) a. Hun Sen est porteur *de tous les vices*.
　　　b. Hun Sen *en* est porteur.

(56), (57) に見られる無冠詞名詞は，(52-55) の無冠詞名詞（句）と比べると，より記述的に用いられていると感じられるが，RIEGEL (1985) の言う「全体的形容詞化」と照らし合わせると，大きな違いがあることに気付く。それは，「全体的形容詞化」と異なり，(56a), (57a) の無冠詞名詞は程度を問題にしえないということである[14] (56c, 57c)。

(56) c. ?Bill Clinton n'est pas *très* maître de ses pulsions sexuelles.
(57) c. ?Hun Sen est *très* porteur de tous les vices.

また，次の (58) においては，

(58) Liamine Zeroual ne sera pas *candidat* à l'élection présidentielle anticipée.

candidat という語が無冠詞で属詞位置に現れているが，これについては，CURAT (1999) が次のように説明している。

---

[14] NOAILLY (1990) や KUPFERMAN (1991) が指摘するように，全ての形容詞が程度を表す副詞を受け入れるわけではない (i-iii)。
　　(i) La rivière est (*très) sèche. (KUPFERMAN, 1991, p.53)
　　(ii) Ce verre est (*très) vide. (*ibid.*)
　　(iii) Sam est (*très) borgne. (*ibid.*)
　　したがって，程度を表す副詞を受け入れるか否かは，必ずしも形容詞的であるか否かを決定する基準とはならない。

第1章　コピュラ文の属詞として現れる無冠詞名詞句

「属詞名詞が指示を行っていないため無冠詞 (nu) である場合，この属詞は文法上の支えであるコピュラとともに述部 (prédicat) をなしているため，動詞句と同じ状況に置かれている．すなわち，どちらも固有の指示対象を持たないため，動詞による指示の介入によって，間接的に過程 (procès) を指示しているに過ぎないのである．Jospin sera candidat においては，sera が始まり，sera が続く限り，candidat が存在する．この場合も，指示対象が概念において存在することが，動詞の過程と密接に関わっている．」[15]

(58) の être candidat が動詞句に近いということは，(58′) のように実際に動詞句を用いた書き換えが可能なことからも明らかである．

(58′) Liamine Zeroual ne *se présentera* pas à l'élection présidentielle anticipée.

同様に，(56a), (57a) も，コピュラを用いず，一般の動詞を用いてパラフレーズすることができる (56d, 57d)．

(56)　d. Bill Clinton ne *maîtrise* pas ses pulsions sexuelles.
(57)　d. Hun Sen *a* tous les vices en lui.

このような書き換えが可能である無冠詞名詞句は，être と共にいわば成句をなしていると考えられる．この場合，「全体的形容詞化」と「部分的形容詞化」という問題とは無関係であるため，ここではこれ以上言及しない．
　ここで，「全体的形容詞化」と「部分的形容詞化」について詳しく考察してみることにする．この二つは同じスケール上の形容詞性の高いものと低いものに過ぎないのであろうか．筆者はそうは考えない．「全体的」，「部分的」という言葉が用いられると，あたかも記述するものの「量」が問題になっているように思えるが，実際には記述するものの「質」が問題になっていると考えられる．既に見たように，

(59) Pierre est *professeur*. [= (3)]

---

15 «Si un substantif attribut est nu parce qu'il ne réfère pas, et puisque le support grammatical de l'attribut est la copule avec laquelle il forme prédicat, l'attribut nous met ainsi dans des conditions similaires à celles de la locution verbale : n'ayant pas de référent propre, l'un et l'autre ne réfèrent qu'indirectement, par la médiation de la référence du verbe à un procès. Dire *Jospin sera candidat*, c'est dire que quand commencera et tant que durera *sera*, il y aura un *candidat*. L'existence d'un référent au concept là aussi est étoitement liée au procès verbal.» (CURAT, 1999, p.230)

には二つの読みがある．「ピエールは教師である」という読みと「ピエールは教師然としている」という読みである．RIEGEL (1985) によれば，前者が「部分的形容詞化」，後者が「全体的形容詞化」ということになるが，後者は必ずしも前者を含意していないはずである．というのは，後者の読みの場合，ピエールが教師であるとは限らないからである．前者の読みにおいては，ピエールが教師としての資格を持っていさえすればよいのであり，問題となるのは教師のカテゴリーに入るか否かということだけである．そのため，前者の読みの場合，形容詞化が不十分であるどころか，記述は既に完全なものとなっているのである．この場合，「教師らしさ」という性質は全く問題とはなっていないのである．では，「部分的形容詞化」において記述されているものとは一言で言うと一体何であろうか．次の例にその答えを見い出すことができるように思われる．

(60) En 1929, *le président* était un bébé. (FAUCONNIER, 1984, p.76)
(61) En 1929, un bébé était *président*. (*ibid.*)

(60) には異なる二つの解釈がある．一つは「現在の大統領が 1929 年当時は赤ん坊であった」という解釈であり，もう一つは「1929 年当時大統領の座に就いていたのは赤ん坊であった」という解釈である[16]．前者は，le président を「値」として解釈したものであり，後者は「役割」として解釈したものである．この後者の役割解釈をパラフレーズしたのが (61) であるが，これは (60) の主語と属詞を入れ替えた文である．しかしながら，単に主語と属詞を入れ替えただけではなく，主語位置では定冠詞付きである le président が，属詞の位置では無冠詞で président となっている[17]．この président は，もともと主語位置では「役割」として解釈されているため，当然属詞位置においても「役割」として解釈されるはずである．すなわち，属詞として現れている président という無冠詞名詞は，「大統領という役割」を記述していると考えられるのである．同様に，(59) の「ピエールは教師である」という読みにおいても，「教師という役割」が記述されていると考えられる．したがって，「部分的形容詞化」が起こっていると言うより，「役割記述機能」

---

16 厳密に言うと，(60) には「1929 年当時，大統領は，誰がなるにせよ，赤ん坊がなっていた」という第三の解釈があるが，ことを煩雑にしないためにここでは不問に付す．
17 これについて，坂原 (1990) は次のように説明している．
「役割が主語であるときに定冠詞 le をとっても，属詞になると le を取れないようである．この定冠詞は mon mari などの所有形容詞と異なり，実質的な意味を持っていない．それが，属詞になると消えてしまう理由であろう．」(pp.12-13)

が働いていると言った方が適切であろう．これに伴い，「全体的形容詞化」に関しては，「性質記述機能」と改められるであろう．

また，KUPFERMAN (1991) は，国籍を表す無冠詞名詞がクラスの内包的特徴ではなく，クラスの名前を表しているとして，次の例を挙げている．

(62) Paul est * Ø*Africain* / Ø *Américain.*
　　Max est Ø *Sud-Africain* / *Ø *Sud-Américain.* (p.70)

「アフリカ人」という国籍は存在しないが「アメリカ人」という国籍は存在する．一方，「南アフリカ人」という国籍は存在するが「南アメリカ人」という国籍は存在しない．国籍は，国の存在を前提とし，公的に証明されうる境界線のはっきりとしたカテゴリーを与えるのである．このような曖昧性のないカテゴリー化が，「役割記述機能」の特徴の一つである．

「役割記述機能」は，職業や国籍を表す名のみが持つわけではなく，条件さえ整えば，人を表す他の名詞も持ちうる．例えば，KUPFERMAN (1991), PICABIA (2000) は，fumeur という語について，次のような指摘をしている．通常 fumeur は，属詞位置に無冠詞で現れるのは不自然であると判断されるが (63)，

(63)　?Paul est *fumeur.* (PICABIA , 2000, p.83)

飛行機や電車に関する場面のように，fumeur / non-fumeur という二つのカテゴリーの区分が想定されると，(64) のように問題なく無冠詞で現れることができる．

(64)　Ce passager est *fumeur. (ibid.)*

このような観察から，職業や国籍を表す名詞でなくとも，あらかじめ境界線のはっきりしたカテゴリーが区分されていれば，「役割記述機能」の無冠詞名詞が用いられうることは明らかである．

以下では，femme を中心に性別に関わる語，および fée, ange, démon などの架空の存在を表す語における「性質記述機能」と「役割記述機能」を観察する．

3. 2.　性別に関わる語

TOGEBY (1982) は，homme, femme, garçon, fille が無冠詞で用いられると，性質

を表すと述べている．

(65) Elle est très *femme*. (TOGEBY, 1982, p.73)
(66) Elle est légèrement *fille*. (*ibid.*)

(65), (66) においては，femme, fille という語が，程度を表す副詞と共に用いられており，「性質記述機能」を持っていることは明白である．
　筆者の報道文のコーパスの中には，程度を表す副詞と共に用いられている無冠詞名詞は見られなかったが，Discotext の中には，femme という語が très によって強調されている例がいくつか見られる (67, 68)．

(67) Il y avait là ce fond que les plus franches gardent, cet éveil de leur sexe dont le souvenir demeure enseveli et comme sacré. Elle était *très femme*, elle se réservait, en se donnant toute. (É. ZOLA, *L'Œuvre*, Discotext)

(68) Ta mère l'a emporté en toi, tu as son bel appétit, et tu as également beaucoup de sa coquetterie, de son indolence parfois, de sa soumission. Oui, tu es *très femme* comme elle, sans trop t'en douter, je veux dire que tu aimes à être aimée. (É. ZOLA, *Le Docteur Pascal*, Discotext)

無論，この場合，femme は「性質記述機能」が働いており，単に「女性」という意味ではなく，「女性らしい」という意味を表している．次の (69) のように，形容詞と等位された場合も同様に「性質記述機能」が働く．

(69) Grand merci de la pelisse d'honneur que notre gloire pourrait obtenir de l'invincible chef des croyants, lequel n'est pas encore sorti des faubourgs de son sérail ; j'aime mieux cette gloire toute nue ; elle est *femme et belle* : Phidias se serait bien gardé de lui mettre une robe de chambre turque. (F.-R. DE CHATEAUBRIAND, *Mémoires d'Outre-Tombe*, Discotext)

これらの例においては，femme が完全に形容詞に同化していると考えられる．
　しかしながら，femme が無冠詞で用いられると，必ず「性質記述機能」として解釈されるというわけではない．例えば，

(70) Toutes ces femmes laides qui disent : "vous croyez que c'est un avantage, d'être

第1章 コピュラ文の属詞として現れる無冠詞名詞句

femme?" (J. RENARD, *Journal 1887-1910*, Discotext)

においては，femme という語は，「女性らしい」という意味に解釈するより，「男性」，「女性」という性別のうち，「女性」の方に属するという意味に捉える方が自然であるように思われる．この場合，職業を表す無冠詞名詞句と同様に，境界線のはっきりしたカテゴリーの中に分類する役目を果たしていると考えられる．すなわち，性別を表す語も「役割記述機能」として用いられうるということである．このことを考慮すると，KUPFERMAN (1991) のように，無冠詞名詞が一時的状態，あるいは出来事的内容を表すと主張するのは，必ずしも適切ではないことになる．

次の(71)についてはどうであろうか．

(71) Ni la vertu ni l'honneur ni l'honnêteté ne peuvent empêcher une femme d'être *femme*, d'avoir les caprices, les faiblesses de son sexe. (E. & J. GONCOURT, *Journal : 1864-1878*, Discotext)

(71) の femme は，「女性らしい」とも「女性」とも解釈できるのではないであろうか．無冠詞名詞の「性質記述機能」と「役割記述機能」は相容れないものというわけではなく，両立しうるものなのである．すなわち，femme という語が無冠詞で現れた場合，「女性らしい」と「女性」のどちらかの意味にはっきり区別されるものではなく，文脈によって「女性らしさ」という性質が引き出されたり，「女性」という役割が引き出されたり，あるいは，その両方が引き出されたりするのである．朝倉 (1967) は，homme から抽出される性質が様々であることを指摘している．次の例では「か弱さ，不完全さ」から見た人間を表しているが，

(72) Le Pape se peut fort bien tromper. Il est *homme* comme les autres. (MONTHERLANT, *Port-Royal*, p.39, cité par 朝倉, 1967, p.99)

次の例では，人間たる資格・特性が抽出されている，と朝倉は説明している．

(73) Avant d'oser entreprendre de former un homme, il faut s'être fait *homme* soi-même. (ROUSSEAU, *Emile*, II, cité par 朝倉, 1967, p.99)

(72) の homme は，「神」と「人」という対立するカテゴリーのうち，「人」のカテゴリーに属するという解釈の「役割記述機能」を持っていると考えられるが，次の homme は，同じ「役割記述機能」でも，「女性」と対立する「男性」のカテ

51

ゴリーを表している．

(74) Si j'avais été *homme* ça m'aurait été impossible d'en [= de ces femmes] préférer aucune. (BEAUVOIR, *Mandarins*, p.343, cité par 朝倉, 1967, p.100)

このように，「役割記述機能」は，何と対立するかによって解釈が異なりうる．
　なお，TOGEBY (1982) は次の二つの例において，

(75) La mère n'était pas *femme* à se formaliser de ces galanteries. (*Orieux*, p.80, cité par TOGEBY, 1982, p.73)
(76) M. Couve de Murville n'est pas *homme* à se soucier outre mesure des formes. (*Figaro*, 20 / 1 /1966, p.1, cité par TOGEBY, 1982, p.73)

femme, homme という語が性質を表していると説明しているが，これは適切ではないであろう．なぜならば，これらの例において，femme は「女らしさ」を，homme は「男らしさ」を表しているとは解釈できないからである．また，これらの例は，la mère が「女性」であり，M. Couve de Murville が「男性」であることを述べようとしているわけでもない．記述の中心は à 以下の不定詞の部分であり，femme と homme はいわばその支えとして現れているに過ぎない．次の例における père も同様の解釈ができる．

(77) Paul est *père* de trois enfants.

(77) は日本語で「ポールは三児の父である」といった場合と同じ解釈を持つであろう．すなわち，(77) の père は言うまでもなく「父親らしい」という意味ではない．また，子供のいる男性は自動的に「父親」のカテゴリーに入るのであり，そのことを言い表そうとしているわけでもない．重要なのは「ポールに子供が三人いる」ということであり，père は de trois enfants の支えに過ぎない．(75-77) に見られる femme, homme, père は，敢えて言えば，「役割記述機能」を持つと言えるが，その働きは極めて希薄であり，むしろ統辞上の支えとしての役目の方が重要であろう．

第1章　コピュラ文の属詞として現れる無冠詞名詞句

3.3. 架空の存在を表す語

CURAT (1999) は，限定詞なしでは属詞として容認されにくい例として次のような例を挙げている．

(78) *Si vous êtes *fée*, je voudrais [...] (CURAT, 1999, p.228)

さらに，*fée* の類語について無冠詞で属詞になれるものとなれないものを分類した表として次のような表を挙げている．

[Si vous êtes N] est possible	*[Si vous êtes N] est impossible
alchimiste, astrologue, conjureur, devin, diseuse de bonne aventure, envoûteur, exorciste, illusionniste, magicien, nécromancien, prestidigitateur, shaman, sorcier, sprite	ange, archange, chérubin, démon, diable, énergumène, esprit, génie, monstre, séraphin, sirène

(CURAT, 1999, p.229)

この表に関する CURAT (1999) の観察は以下のとおりである．

「この分類は明確な語彙的基準に従っている．Démon（悪魔），monstre（怪物），ange（天使），génie（天才）はある人物の性質を命名しており，大部分が元来は種 (espèces) を表している．逆に，devin（易者），envoûteur（呪師），magicien（魔術師），prestidigitateur（手品師）は職業 (fonctions) を表しており，-cien, -eur, -ogue, -iste などの接尾辞はこれらの名詞が活動 (activités) と結びついていることを強調している．大まかに観察してみると，職業を表す名詞 (noms de métiers et professions) は，活動を表しており，確かに限定詞を要求しない (*il est plombier*) が，動物の種を表す名詞は限定詞を省くことができない (*c'est un chat*)．もし限定詞がなければ，聞き手は意味が転換していると受けとめることになる (*il est {rat* [ネズミ＞けちな], *chien* [イヌ＞けちな, 厳しい], *vache* [雌ウシ＞意地が悪い, 冷たい], *chameau* [ラクダ＞気難しい, 意地が悪い]})．」[18]

---

18 «La répartition suit un critère lexical net : *démon, monstre, ange, génie* nomment la nature de certains êtres ; la plupart sont même à l'origine des espèces. Au contraire, *devin, envoûteur, magicien, prestidigitateur* sont des fonctions, et les suffixes *-cien, -eur, -ogue, -iste,* soulignent que ces sub-

53

CURAT (1999) は，表の左側の名詞，すなわち無冠詞で属詞となりうる名詞を職業を表す名詞に同化させている．確かに，これらの名詞は，肩書きとして用いられうるし，職業名と同様，主語に合わせて性変化を伴う．一方，表の右側の名詞，すなわち無冠詞で属詞となりえない名詞は，肩書きとはなりえないし，また，名詞自体が固有の性を持っている．

しかしながら，CURAT (1999) も指摘しているように，表の右側の名詞であっても，無冠詞で属詞として現れることが必ずしも不可能というわけではない(79)．

(79) Si vous êtes vraiment *fée*[19] (CURAT, 1999, p.229)

さらに，Discotext においては，fée の他に，ange, démon が無冠詞で属詞の位置に現れている例がわずかながら観察される (80-83)．

(80) Je fus baptisé en l'église Saint-germain-des-prés et tenu sur les fonts par une marraine qui était *fée*. Elle se nommait Marcelle parmi les hommes, était belle comme le jour et avait épousé un magot nommé Dupont, dont elle était folle, car les fées raffolent des magots. (A. FRANCE, *Le Petit Pierre*, Discotext)

(81) C'était un ange. Il a toujours été *ange*, Vigny! Jamais on n'a vu de bifteck chez lui. (E. & J. GONCOURT, *Journal : 1851-1863*, Discotext)

(82) [...] ; l'hirondelle devant le gypaète émigre ; le colibri, sitôt qu'il a faim, devient tigre ; l'oiseau-mouche est *démon*. (V. HUGO, *Légende des siècles*, Discotext)

(83) [...] ; et figurez-vous l'englué au coeur bon, au tempérament ardent, à l'esprit court, qui ne peut se reprendre, revient plus couchant à chaque malmenée, mettant deux ans à s'apercevoir que l'ange est *démon* : vous aurez le comte de Kerdanes, corybante de la princesse d'Este. (J. PÉLADAN, *Le Vice suprême*, Discotext)

---

stantifs sont liés à des activités. Un survol vérifie que les noms de métiers et professions, qui sont des activités, ne demandent effectivement pas le déterminant (*il est plombier*), mais que ceux des espèces animales ne peuvent s'en passer (*c'est un chat*) ; en l'absence de déterminant, l'auditeur conclut au détournement de sens (*il est {rat, chien, vache, chameau}*)» (CURAT, 1999, p.229)

19 ただし，次の例が示すように，fée という語が古くは「魔法にかかった」という意味の形容詞で使われていたことを注記しておく．
Ses pensées et ses images sont enchantées ou (comme on disait autrefois) sont *fées* ; elles ont une mélancolie ignorée du siècle de Louis Xiv, qui connaissait seulement l'austère et sainte tristesse de l'éloquence religieuse. (F.-R. DE CHATEAUBRIAND, *Mémoires d'Outre-Tombe*, Discotext)

これらの例においては，主語である人物をそれぞれ「妖精」，「天使」，「悪魔」のカテゴリーに分類しているわけではなく，「妖精らしさ」，「天使らしさ」，「悪魔らしさ」といった性質を持っていることを言い表しているのであり，「性質記述機能」として用いられている．したがって，職業，肩書き等を表す名詞とは完全に異なっていると言える．

しかしながら，ここでも，職業と同様に何らかのカテゴリーのパラダイムが前提となっていることが示唆されるような文脈であれば，「役割記述機能」として解釈できないわけではない (84)．

(84) Je suis carré par la base, moi. Monsieur l'évêque, l'immortalité de l'homme est un écoute-s'il-pleut. Oh! La charmante promesse! Fiez-vous-y. Le bon billet qu'a Adam! On est *âme*, on sera *ange*, on aura des ailes bleues aux omoplates. Aidez-moi donc, n'est-ce pas Tertullien qui dit que les bienheureux iront d'un astre à l'autre? Soit. (V. HUGO, *Les Misérables*, Discotext)

(84) においては，「人」というカテゴリーと「天使」というカテゴリーが同じパラダイムの中に前もって存在しており，現在は「人」のカテゴリーに属しているが，未来においては「天使」のカテゴリーに属するであろうことを述べている．この例においては，職業名と同様，「役割記述機能」が関与していると考えられる．

このように，一見「役割記述機能」が不可能に思われる語であっても，境界線のはっきりしたカテゴリーを持ち，かつ，このカテゴリーと対立する他のカテゴリーがあらかじめ確立されていると解釈される場合には，「役割記述機能」を持ちうるのである．

4. ラベル的性質

では，なぜ「役割」を記述している名詞は，属詞位置において無冠詞であることを容認されるのであろうか．先行研究において述べられているように，指示機能を持たない，言い換えれば，記述機能しか持たないからであるということは明らかである．しかしながら，それだけの説明では，「役割記述機能」と「性質記述機能」の区別がなく，不十分であると言わざるを得ない．したがって，「役割記述機能」に特有な要因を追究する必要があるであろう．

KUPFERMAN (1991) は，職業を表す無冠詞名詞が「ラベル (étiquette)」のように
クラスに貼られていると主張している．例えば，社交場の場面において，話し手
Aが聞き手Bに対して，Bが知らない招待客を順番に紹介する場合，

(85) «Max est : *un balayeur*... Éva est : *une urbaniste*... Paul est : *un médecin-conseil*...
  Léa est : *une concierge*... » (p.67)

より，むしろ，

(86) «Max est : Ø *balayeur*... Éva est : Ø *urbaniste*... Paul est : Ø *médecin-conseil*...
  Léa est : Ø *concierge*...» (*ibid.*)

という発話が期待されるが，balayeur, urbaniste,... といった名詞はクラスを表す固
有名詞として現れている，とKUPFERMAN は説明している．
  確かに，職業を表す無冠詞名詞句がラベル的性質を持っているということは，
次のような例からも窺えることである．

(87) Mon métier, c'est [Ø/? *un* /? *l'*] *architecte*, pas [Ø/? *un* /? *le*] *député européen*.
  (*L'Express*, 2463, 17 / 9 /1998, p.8)
(88) En quoi le rétablissement de la peine de mort peut-il permettre de lutter contre
  l'insécurité ? — (Jean-Marie Le Pen) D'abord, les tueurs en série, s'ils sont con-
  damnés à mort à leur premier crime, ça sauvera les victimes suivantes. Je n'ai
  aucune estime pour la vie des tueurs : franchement, elle m'est relativement indif-
  férente. Il n'y a qu'un seul métier où l'on ne risque pas sa vie en France, c'est
  [Ø/? *un* /? *le*] *tueur*. Eh bien, moi, je pense que les assassins doivent savoir qu'au
  bout de leur périple, ils vont mourir. J'en suis convaincu : la peine de mort est
  dissuasive. (*Le Parisien*, 3 / 4 / 2002)

(87), (88) において，職業を表す名詞句はc'estの後に現れている．これらは同定
文であり，c'estの後に現れる名詞句は指示機能を持つことが期待されるが，(87),
(88) における名詞句は無冠詞であり，冠詞との共起が一切容認されない．このこ
とは一見矛盾しているように思われるが，これらの職業名は，無冠詞でありなが

第1章 コピュラ文の属詞として現れる無冠詞名詞句

ら,指示機能を持っていると考えられる.すなわち,(87) における architecte と député européen, (88) における tueur は,それぞれの職業に対して与えられている「ラベル」であり,これらは無冠詞で用いられることにより,職業そのものを指示することができるのである.いわば, architecte, député européen, tueur はいずれも「職業」という集合の元をなしていると考えられるのである. (87) は,「私の職業」という役割に「建築家」という職業名を値として導入しており, architecte および député européen という職業名はいわば固有名詞のような扱いを受けていると言える. (88) も同様であり,「フランスにおいて唯一生命を危機にさらさない職業」という役割に対し,「殺し屋」という値が導入されている.このように職業名がラベル的であるということは,次の例によってより明確に示される.

(89) Avec les fonctions publiques et politiques, [Ø / ? *un* / ? *l'*] *avocat* est l'une des rares professions où l'on peut mentir en toute impunité, sous couvert de grands principes. (*N.O.*, 1772, 22 /10 / 1998, p.11)

(89) においては,職業を表す名詞が,無冠詞で主語の位置に現れており,冠詞との共起は不可能であると判断されている. (89) は,構文的には, (87), (88) の主語と属詞が入れ替わったものであり,ここでも, avocat という職業名は,職業に貼られた「ラベル」であり,このラベルを用いることにより,職業そのものを指示していると考えられる.職業名が属詞位置において,「役割記述機能」を持つ場合も,このような「ラベル」を用いたものであると推測される.

さらに,「役割記述機能」を持つ無冠詞名詞句が「ラベル」に由来することは,次のような星座 (signes du zodiaque) を表す名詞が属詞の位置に現れる例が傍証となるように思われる.

(90) Je suis *Gémeaux* / *Cancer* / *Lion* / *Vierge* / etc.

このような星座を表す無冠詞名詞は,職業,身分等を表す無冠詞名詞句と同様に,主語として現れている人物が分類されるべきカテゴリーを表しているが,性数が固定されており,常に大文字で表記されることから,ラベル的性質を強くとどめていると言える.

しかしながら,仮に KUPFERMAN が主張しているように,クラスを表す「ラベル」

57

が無冠詞で属詞位置に現れるのであれば,「イヌ」,「ネコ」などの生物学的な種を表す名詞こそ典型的なクラスを表す「ラベル」であり,無冠詞で現れてもよさそうであるが,実際には,chien, chat, lion, etc. が無冠詞で属詞位置に現れて種を表すことはない.

このような問題の解決を示唆する研究として,中尾 (1999) を挙げることができる.中尾 (1999) は,

(91) On va *rue de Rivoli*. (p.40)
(92) *Place du Châtelet*, elle a voulu prendre le métro. (MODIANO, *Un cirque passe*, p.14, cité par 中尾, 1999, p.41)

に見られるように,rue... , place... , boulevard... などの場所,とりわけ住所を表す表現 (Rue X) が,前置詞も冠詞も伴わずに現れている現象について,次のように説明している.

「なぜ主として住所の名詞のみが Rue X の形式を許容するのだろうか.これは,Rue X が住所の表示形式に起因するからであるとわれわれは仮定する.住所は通常 10, boulevard St. Michel のように無冠詞の形式で表示される.その形式をそのまま,あたかも住所を言うかのように使用したのが Rue X ではないだろうか.そう考えると住所以外の名詞にこの形式がほとんど使われない理由もわかる.」(p.46)

さらに,Rue X という形式が位格と方向格としてのみ用いられることについては,「文脈的に考えて一番無理なく理解できるデフォルト値だからである」(p.48) と述べている.

このような分析は,住所だけでなく,職業,肩書き,国籍,性別にも当てはまるように思われる.住所と同様に,職業,肩書き,国籍,性別等は,個人情報であり,公文書等に記載されるデータを構成している.その際に,これらの情報は無冠詞で記載されるが,それは職業名を表す「ラベル」の存在前提があるからであると考えられる.また,Rue X のような通りの名前が看板に無冠詞で書かれているのと同様に,例えば DIRECTEUR のような肩書きは机の上のプレートに無冠詞で書かれている.このように,職業や肩書きを表す抽象的な「ラベル」が,言

第1章 コピュラ文の属詞として現れる無冠詞名詞句

語外に存在する具体的な「ラベル」に適用されることにより，属詞位置においても「ラベル」をそのまま活用しやすい状況が整っていると推測される．

では，なぜこれが，性質ではなく，職業や国籍として解釈されるかと言えば，Rue X が位格または方向格として解釈されるのと同様に，それがデフォルト値であるからである．例えば,

(93) Pierre est *professeur*. [=(3), (59)]

の「ピエールは教師然としている」という解釈は，RIEGEL (1985) も認めているとおり，非常に有標な解釈であり，文脈上そのように解釈させる要素がなければ，(93) は通常「ピエールは教師である」という職業を述べている解釈になるのである．

このように，職業，肩書き等を表す名詞が属詞位置で無冠詞であるのは，抽象レベルで職業に与えられている「ラベル」が，公文書，プレート等に具体的な「ラベル」として表記されることにより，類推から属詞位置にも適応されているからであると考えられる．また，これが性質ではなく職業や肩書きとして解釈されるのは，それがデフォルト値であるからである．

5. 結語

人を表す無冠詞名詞句が属詞として現れる場合，二つの読みが存在しうる．例えば，être médecin には，「医者である」という読みと「医者らしい」という読みが考えられる．これは，記述されている内包の量の違いによって生じるのではなく，記述されているものの質の違いによって生じるのである．すなわち，「医者である」という読みにおいては「役割」が記述され，「医者らしい」という読みにおいては「医者らしさ」という「性質」が記述されているのである．前者を「役割記述機能」，後者を「性質記述機能」と呼ぶことができる．

「性質記述機能」は，人を表す名詞であれば，比較的容易に現れうると考えられるが，「役割記述機能」が働くためにはいくつかの制約が存在する．名詞の表す「役割」はあらかじめ設定されており，境界線のはっきりしたカテゴリーでなければならない．このカテゴリーは，同じパラダイムにある他のカテゴリーと対立し

ていることが前提となる．そして，主語として現れている人物がこのカテゴリーに属すること（あるいは属さないこと）は，客観的に証明しえなければならない．例えば，「役割記述機能」において，être médecin と記述しうるためには医師としての免許を持っている必要があり，être Français と記述しうるためにはフランス国籍を持っている必要がある．

　また，職業，国籍等を表す名詞句が属詞位置に無冠詞で現れるのは，抽象レベルで職業に与えられている「ラベル」が，公文書，プレート等に具体的な「ラベル」として表記されることにより，類推からそのまま属詞位置に適用されるからであると考えられる．この無冠詞名詞句が，「性質記述機能」ではなく，「役割記述機能」を持っているものとして解釈されるのは，それがデフォルト値として職業や国籍を表すと解釈できるからである．

第2章

同格として現れる無冠詞名詞句

第2章　同格として現れる無冠詞名詞句

本章では，次の (1), (2) に見られるような無冠詞名詞句を研究対象とする．

(1) Le président Carlos Menem, *père du miracle argentin*, est resté fidèle à la tradition latino-américaine d'enrichissement personnel et de tolérance à l'égard de la corruption. (*L'Express*, 2467, 15 / 10 / 1998, p.35)

(2) Ainsi, *jeune homme amoureux et inflexible*, il [= Richard Branson] visite le Mexique avec sa belle de l'époque. (*N.O.*, 1775, 12 / 11 / 1998, p.18)

(1), (2) における無冠詞名詞句は，名詞句あるいは代名詞を支え (support) [1] とする同格 (apposition) [2] であり，この同格と支えはイコールで結びつきうる関係にある．したがって，次の (3) のように，

(3) Avec la guerre du Golfe et l'apparition de CNN, l'immédiateté de l'information est devenue une demande de la part des consommateurs de news, *phénomène qui s'est cristallisé avec O. J. Simpson*. (*N.O.*, 1772, 22/10/1998, p.35)

支えが命題内容である無冠詞名詞句 [3] や，次の (4) のように，

(4) *Manteaux bleu marine, queues de cheval impeccables et regards innocents*, elles [= des collégiennes] se cachent dès qu'une caméra pointe le bout de son œil. (*N.O.*, 1772, 22 / 10 / 1998, p.42)

支えが代名詞であっても，絶対構文である無冠詞名詞句は対象としない．

1　支え (support) は NEVEU (1998, 2000) の用語である．PICABIA (1991, 1993, 2000) は先行詞 (antécédent) という術語を用いている．
2　GREVISSE (1986) は同格 (apposition) を次のように定義している．
　「同格とは，他の名詞的要素に依存し，この要素に対して，属詞が主語に対して持っている関係を，コピュラなしで持っている名詞的要素のことである．(«L'apposition est un élément nominal placé dans la dépendance d'un autre élément nominal [...] et qui a avec celui-ci la relation qu'a un attribut avec son sujet, mais sans copule.»)
　Paris, (*la*) *capitale de la France*, est divisé en vingt arrondissements. (Cf. Paris est la capitale de la France.)」(pp.552-553)
　しかし，apposition という語が実際にはさまざまな意味で用いられていることは GREVISSE (1986) も RIEGEL, PELLAT & RIOUL (1994) も指摘しているとおりである．本章では，基本的に GREVISSE の定義に従うが，間に前置詞を含むもの (*la ville de Paris*) や直接並置されたもの (*le roi Louis*) は考慮に入れていない．本章でいう同格は，厳密には GREVISSE のいう apposition détachée のことであり，コンマによって切り離されたものを指す．
3　命題内容や文を支えとする同格については，HUOT (1978), VAN DEN BUSSCHE (1988) 参照．

63

本章で扱う同格として用いられる無冠詞名詞句は，(1) のように支えの後に現れるタイプと，(2) のように支えの前に現れるタイプとに分けることができる．前者のタイプを右方同格 (apposition droite)，後者のタイプを前方同格 (apposition frontale) と呼ぶことにする[4]．

本章では，まず，同格として現れる無冠詞名詞句の全体的な統計を示し，続いて，右方同格，前方同格のそれぞれの特性について順に考察していく．

1. 同格無冠詞名詞句の分布

報道文をコーパスとして例文を収集したところ[5]，次の表のような結果が得られた．

同格＼支え	名詞句		固有名詞		代名詞		計
	人	人以外	人	人以外	人	人以外	
右方同格	21	13	246	48	1	0	329
前方同格	15	1	19	3	24	0	62
合計							391

収集例391例中，右方同格は329例見られ，前方同格の62例を大きく凌いでいる．右方同格と前方同格の比率は，84%：16%である．どちらのタイプにおいても，支えが人である例が圧倒的に多いという特徴が見られる．人と人以外の支えの割合は，右方同格では，268例：61例 (81%：19%)，前方同格では，58例：4例 (94%：6%) となっている．また，右方同格では支えが人名を表す固有名詞の形で現れているものが断然多く (329例中246例 [75%])，前方同格では支えが主語代名詞であるものが最も多い (62例中24例 [39%]) という結果が出ている[6]．

---

4 このような分類及び名称は，PICABIA (2000) に倣ったものである．また，VAN DEN BUSSCHE (1988) は，名詞句を支えとする同格を，前置同格，隣接同格，後置同格の三つに分類している．前置同格と隣接同格はそれぞれここでいう前方同格と右方同格に対応するが，後置同格とは，次の (i), (ii) のように，支えの直後ではなく，支えからは離れて，文中や文末に表れる同格のことである．
    (i) J'assiste, *spectateur inutile*, aux luttes. (TOGEBY, 1968, p.884, cité par VAN DEN BUSSCHE, 1988, p.124)
    (ii) Il est tombé dans la marmite, *petit garçon*. (VAN DEN BUSSCHE, 1988, p.125)
ただし，このような後置同格の例はコーパスにほとんど現れなかったため，ここでは扱わない．
5 *L'Express*, 2463, 17/ 9 /1998, *L'Express*, 2467, 15 /10 /1998, *Nouvel Observateur*, 1772, 22 /10 / 1998, *Nouvel Observateur*, 1775, 12 /11 / 1998
6 NEVEU (1998) は，支えの統辞的位置や同格の意味タイプなどのさまざまな角度からの統計を示している．

第2章 同格として現れる無冠詞名詞句

以下に,表のそれぞれの枠に該当する例を順に挙げる.まず,人を表す名詞句を支えとする右方同格には次のような例が見られる.

(5) Depuis qu'elle [= Julie Lagier] a témoigné contre *son grand-père, colleur d'affiches FN et assassin d'Ibrahim Ali*, elle n'avait pas parlé. (*L'Express*, 2463, 17/ 9/ 1998, p.26)

このタイプに属するものには,(6) のように,支えとの間に固有名詞が現れている例も多く見られる.

(6) Ce retour de Xavière Tiberi sur l'avant-scène judiciaire survient à un très mauvais moment pour *son mari, Jean Tiberi, maire de Paris*. (*L'Express*, 2467, 15/10/ 1998, p.17)

人以外のものを表す名詞句を支えとする右方同格としては次のような例が挙げられる.

(7) [...] : *le nom de Viagra, vague anagramme du patronyme Virag*, lui porterait tort, paraît-il, au cas où il ne donnerait pas les résultats escomptés ! (*L'Express*, 2467, 15/10/1998, p.47)

このタイプには,(8) のように,支えが時を表す表現である例がいくつか見られる.

(8) Ses services disent en tout cas ne pas posséder le moindre document de suivi des politiques menées par les régions depuis *1986, année où l'Etat leur a confié la construction, l'entretien, et l'équipement des lycées*. (*N.O.*, 1772, 22 /10 /1998, p.44)

人を表す固有名詞を支えとする右方同格は収集例全体の6割を占めている.このタイプの無冠詞名詞句は,(9), (10) のように,職業や肩書きを表すものが非常に多く見られる.

(9) *Jacques Buvat, endocrinologue lillois*, est de ceux-là. (*L'Express*, 2467, 15 / 10 / 1998, p.44)

65

(10) *Catherine Trautmann, ministre de la Culture et de la Communication*, est de plus en plus critiquée au sein même de la majorité. (*N.O.*, 1775, 12/11/1998, p.22)

右方同格の支えが人以外のものを表す固有名詞である場合，その固有名詞はほとんどの場合，地名(11), 企業・団体名(12), 作品名(13) のいずれかを表している.

(11) Né à Venise, vers 1480, il [= Lorenzo Lotto] séjourna à Trévise, dans les Marches, à Bergame, à Rome et bien d'autres cités, telles Jesi, Trescore ou *Lorette, ville où il devait mourir en 1557*. (*N.O.*, 1775, 12/11/1998, p.62)

(12) *Le géant des communications Ericsson, première entreprise industrielle du pays*, menace de s'installer à Londres, où la société vient d'acquérir des bureaux dans la City. (*L'Express*, 2463, 17/9/1998, pp.38-39)

(13) Sous les traits de Rivière, Daurat est même le héros de «*Vol de nuit*», *récit que les hommes de l'Aéropostale n'apprécieront guère*. (*N.O.*, 1775, 12/11/1998, p.9)

右方同格の支えが代名詞である例はほとんど見られないが，稀に (14) のように強勢形代名詞を支えとする例が見られる.

(14) La société française serait-elle en passe d'importer des Etats-Unis, après le McDo et la casquette à visière, cette horreur du mensonge qui est au cœur de la culture civique américaine et que *nous Français, enfants de Saint-Simon et de Sacha Guitry*, étions accoutumés à considérer avec ironie? (*N.O.*, 1772, 22/10/1998, p.10)

次に前方同格の例を挙げる．人を表す名詞句を支えとする前方同格としては (15) のような例が見られる.

(15) *Amateurs d'art, mécènes, archéologues*, les empereurs chinois ont accumulé des trésors. (*L'Express*, 2467, 15/10/1998, pp.72-73)

人以外の名詞句を支えとする前方同格には (16) のような例がある.

(16) «*Véritable garde-fou*, la lutte antitrust a permis aux Etats-Unis de corriger les excès du capitalisme», analyse Christian Stoffaes, [...] (*L'Express*, 2463, 17/9/1998, p.20)

(17) のような人を表す固有名詞が支えである例は，前方同格においては二番目に多く見られるタイプである．

(17) Fils de cultivateur, Millet avait été bon laboureur et en tirait vanité. (*L'Express*, 2463, 17 /9 /1998, p.62)

前方同格の支えが人以外の固有名詞である例としては (18) のような例をあげることができる．

(18) *Bateau ivre balloté par la crise, la Russie* n'a certes pas les moyens d'entraver le jeu de l'Otan. (*L'Express*, 2467, 15 /10 /1998, p.39)

前方同格において最も多く見られたのは，支えが代名詞である例である．この場合の代名詞はいずれも人を表している．多くは (19) のような三人称の形で現れているが，(20) のような二人称の形も見られる．

(19) *Sculpteur et peintre, il* [= Tchang Tchong-jen] vivait en France depuis 1984. (*L'Express*, 2467, 15/10/1998, p.21)
(20) *Messager de la culture et de l'art chinois en France, mais aussi traducteur en chinois des grands poètes français, vous* [= François Cheng] êtes une sorte de passeur qui tente obstinément d'établir des ponts entre ces deux mondes si différents. (*L'Express*, 2467, 15 /10 /1998, p.12)

次節からは，右方同格と前方同格のそれぞれの特性について，順に詳しく考察することにする．

2. 右方同格

2. 1. 非制限的関係節によるパラフレーズ

GREVISSE (1969) は，右方同格が縮約された関係節と等価であるとし，次のような例を示している[7]．

---

[7] VAN DEN BUSSCHE (1988) も，右方同格が非制限的関係節と同様のふるまいを示すことを指摘している．

(21) L'hirondelle, [qui est] *messagère du printemps*. (p.158)

果たして無冠詞の右方同格は非制限的関係節と同じ解釈を持つと言えるであろうか.

確かに筆者のコーパスに現れる無冠詞の右方同格の中にも，(22a, b), (23a, b) が示すように，無冠詞のままの形で関係節によるパラフレーズが可能なものは多く見られる.

(22) a. François Dubet, *sociologue*, explique pourquoi notre système scolaire — qui est malgré ses défauts parmi les meilleurs du monde — vit dans un état de crise permanent. (*N.O.*, 1775, 12/11/1998, p.46)
  b. François Dubet, *qui est sociologue*, explique pourquoi notre système scolaire — qui est malgré ses défauts parmi les meilleurs du monde — vit dans un état de crise permanent.
(23) a. Hubert Brin, *président de l'Unaf*, y voit inscrite la tentation de la «répudiation». (*L'Express*, 2463, 17/9/1998, p.25)
  b. Hubert Brin, *qui est président de l'Unaf*, y voit inscrite la tentation de la «répudiation».

このような右方同格は職業，肩書き，身分を表しており，コピュラ文の属詞の位置においても無冠詞で現れることが可能である (22c, 23c).

(22) c. François Dubet est *sociologue*.
(23) c. Hubert Brin est *président de l'Unaf*.

また，(22a), (23a) は，それぞれ不定冠詞，定冠詞を伴った形での右方同格も可能であり (22d, 23d),

(22) d. François Dubet, *un sociologue*, explique pourquoi notre système scolaire — qui est malgré ses défauts parmi les meilleurs du monde — vit dans un état de crise permanent.
(23) d. Hubert Brin, *le président de l'Unaf*, y voit inscrite la tentation de la «répudiation».

第 2 章　同格として現れる無冠詞名詞句

それぞれに対し，冠詞を伴った形での関係節によるパラフレーズが可能である (22e, 23e).

(22) e. François Dubet, *qui est un sociologue*, explique pourquoi notre système scolaire — qui est malgré ses défauts parmi les meilleurs du monde — vit dans un état de crise permanent.
(23) e. Hubert Brin, *qui est le président de l'Unaf*, y voit inscrite la tentation de la «répudiation».

さらに，コピュラ文において，冠詞付きの属詞として現れることも可能である (22f, 23f).

(22) f. François Dubet est *un sociologue*.
(23) f. Hubert Brin est *le président de l'Unaf*.

以上の観察だけから判断すると，右方同格は，非制限的関係節のうちの関係代名詞とコピュラが省略されたものであり，関係節において無冠詞であれば無冠詞になり，冠詞が付いていればそのまま冠詞が残るかのように思われる．
　しかし，実際にはこのような整然とした平行関係が存在するわけではない．例えば，次の例が示すように，(24a), (25a) における無冠詞の右方同格は，(24b), (25b) のような対応する関係節によるパラフレーズが不適切である．

(24) a. En 1994, Marie Belgorodsky, *jeune femme française de 40 ans*, découvre l'existence et avec elle le drame de son grand-oncle Adichka et de sa femme. (*L'Express*, 2463, 17 / 9 /1998, p.70)
　　b. ?En 1994, Marie Belgorodsky, *qui est jeune femme française de 40 ans*, découvre l'existence et avec elle le drame de son grand-oncle Adichka et de sa femme.
(25) a. Le président Carlos Menem, *père du miracle argentin*, est resté fidèle à la tradition latino-américaine d'enrichissement personnel et de tolérance à l'égard de la corruption. (*L'Express*, 2467, 15/10/1998, p.35)
　　b. ? Le président Carlos Menem, *qui est père du miracle argentin*, est resté fidèle à la tradition latino-américaine d'enrichissement personnel et de tolérance à l'égard de la corruption.

このような右方同格は,支えを主語とするコピュラ文の属詞位置に無冠詞のまま現れることが困難である[8] (24c, 25c).

(24) c. ? Marie Belgorodsky est *jeune femme française de 40 ans*.
(25) c. ? Le président Carlos Menem est *père du miracle argentin*.

これらが適切なコピュラ文になるためには,それぞれ不定冠詞,定冠詞が必要となる (24d, 25d).

(24) d. Marie Belgorodsky est *une jeune femme française de 40 ans*.
(25) d. Le président Carlos Menem est *le père du miracle argentin*.

また,関係節によるパラフレーズにおいても,冠詞を伴った形であれば文法的であると判断される (24e, 25e).

(24) e. En 1994, Marie Belgorodsky, *qui est une jeune femme française de 40 ans*, découvre l'existence et avec elle le drame de son grand-oncle Adichka et de sa femme.
(25) e. Le président Carlos Menem, *qui est le père du miracle argentin*, est resté fidèle à la tradition latino-américaine d'enrichissement personnel et de tolérance à l'égard de la corruption.

仮に右方同格が非制限的関係節の関係代名詞とコピュラの省略によって生じるものであるとするならば,(24e), (25e) から作られる同格は (24f), (25f) のようになり,このような冠詞付きの同格しか存在しないことになる.

(24) f. En 1994, Marie Belgorodsky, *une jeune femme française de 40 ans*, découvre l'existence et avec elle le drame de son grand-oncle Adichka et de sa femme.
(25) f. Le président Carlos Menem, *le père du miracle argentin*, est resté fidèle à la tradition latino-américaine d'enrichissement personnel et de tolérance à l'égard de la corruption.

---

8 RIEGEL, PELLAT & RIOUL (1994) も同様の指摘をしている (i, ii).
　(i) Le lion, *terreur des forêts* / *Le lion est *terreur des forêts*. (p.190)
　(ii) Paris, *(la) capitale de la France* / *Paris est *capitale de la France*. (*ibid*.)

確かに，(24f), (25f) のような冠詞付きの右方同格は可能であるが，(24a), (25a) のような無冠詞の右方同格が存在し，むしろ冠詞付きの右方同格以上に頻繁に現れるのも事実である．このような事実を踏まえると，無冠詞の右方同格は非制限的関係節とは無関係なものであると言わざるを得ない[9]．右方同格は，関係節とは異なり，統辞的には支えとの結びつきが保証されていない構造である，すなわち，支えとの関係においては構造的に未決定である[10]と考えるのが妥当であろう．

2. 2. 限定詞を伴う右方同格との比較

PICABIA (1991) は，無冠詞で現れる右方同格に対しては，不定冠詞か定冠詞を付けることが可能であることを指摘している[11] (26, 27).

(26) a. Gilbert, *cyclone de force maximale*, a épargné le Texas mais dévasté la Jamaïque. (p.88)
  b. Gilbert, *un cyclone de force maximale*, a dévasté la Jamaïque. (*ibid.*)
(27) a. Albertville, *future capitale des Jeux Olympiques d'hiver*, vit dans la fièvre. (*ibid.*)
  b. Albertville, *la future capitale des Jeux Olympiques d'hiver*, vit dans la fièvre. (*ibid.*)

PICABIA は，限定詞の機能は変項に対して値を固定することであり，右方同格が無冠詞で現れる場合，それは種を表し，一つの値に決定されることなく，集合の特性のみが記述されている，と述べている．

東郷 (1991) は，右方同格における定冠詞と無冠詞の比較においては，定冠詞付きの場合，談話の展開において本質的な情報であるのに対し，無冠詞の場合，先行名詞句についての副次的な情報であり，重要度が低いと述べている．例えば，次の (28) においては同格に定名詞句が用いられる．

---

9 中尾 (1998) も，名詞句の分布の違いから，同格はA est B からコピュラを省略したものではないと主張している．とりわけ，無冠詞名詞句の分布については，コピュラ文の場合より同格の場合の方が守備範囲が広いことを指摘している．
10 構造的未決定(sous-détermination structurelle) については FURUKAWA (2002) 参照．
11 ただし，RIEGEL, PELLAT & RIOUL (1994) は，同格が社会的地位に制限された場合，次の例が示すように，必ず無冠詞になると説明している．
  Charles Munch, *chef d'orchestre de son état* / **un chef d'orchestre de son état* (p.165)

(28) [...] le président de TF1, et Jacques Lehn, *le vice-PDG d'Europe 1 et successeur d'Yves Sabouret à la direction générale de Hachette*, sont les hôtes, en tant que coproducteurs de cette soirée. (p.76)

(28) の le vice-PDG d'Europe 1...は，le président de TF1 とともに役職名として並んで登場しており，談話の展開において重要性を持っている．ここでは，Jacques Lehn という氏名の方が副次的情報と見なされる．一方，次の (29) においては同格は無冠詞である．

(29) «[...] Et la plupart d'entre eux n'acceptent pas non plus de travailler sous les ordres d'une femme», explique Noriko Nakamura, *présidente de l'Association japonaise des femmes cadres*. (p.75)

(29) では，Noriko Nakamura という発言者が前面に出て主要な役割を演じ，同格に置かれた肩書はその人物についての副次的な情報となると解釈される．また，無冠詞と不定冠詞の比較においては，無冠詞の場合は客観的・辞書的定義というおもむきを持つのに対し，不定冠詞付きの場合は科学的・客観的でないことを指摘している (30)．

(30) [...] ce qu'elle appelle «joubi», sa «joue-bis», *une prolifération de cellules qui la livre pour dix ans aux chirurgiens et aux radiothérapies*. (p.76)

(30) において，不定名詞句で表されている同格は，Nicole Avril という作家が joue-bis と呼ぶ病気についての客観的・辞書的定義ではなく，一般化できない個人的経験を述べているに過ぎない．以上が東郷 (1991) の主張である．
　また，中尾 (1996, 1998) は，東郷 (1991) の主張を支持した上で，さらに，冠詞付きの右方同格が個体を表し，先行名詞句を同定しているのに対し，無冠詞の右方同格は先行名詞句の属性を記述していると述べている．次の (31), (32) において，

(31) A 19 ans, il se marie avec Christine, *fille de médecin*, rencontrée trois ans plus tôt, lors d'un voyage organisé en Grèce. (*L'Express*, cité par 中尾, 1996, p.40)

(32) Marc Viénot, *le PDG de la Société Générale*, a résumé crûment sur France-Inter, le 13 juillet, la conviction de nombreux financiers : (*N.O.*, cité par 中尾, 1996, p.40)

(31) の無冠詞の同格はChristineの一属性を記述しているだけで談話の展開に強く関連していないのに対し，(32) の定冠詞付きの同格はMarc Viénot氏が単なる一フランス人ではなく，取締役社長という肩書きを持った人物として談話に組み込まれていることを表しており，談話の展開において必須情報である，と中尾 (1996) は説明している．さらに中尾は，

(33) La même note de Bercy relève, en outre, qu'il existe une autre étude, réalisée en novembre 1993 par la Sofaris, *un établissement financier spécialisé*. (*Le Monde*, cité par 中尾, 1996, p.41)

に見られる不定冠詞付きの同格は，「先行名詞句をNという集合の一要素nと同定する」としている．

　以上の先行研究から，無冠詞の右方同格については次のようにまとめることができるであろう．右方同格として現れる無冠詞名詞句は，個体は表しておらず，種などの客観的・辞書的定義を表しており，支えに対する属性記述を行っている．また，情報構造の面から言えば，支えに対する副次的な修飾であり，談話の展開における本質的な情報は担っていないということである．このような主張はほぼ正しいように思われる．無冠詞名詞句が指示機能を持たず，記述機能のみを持つということは一般に理解されていることであると思われるが，上で見た主張は，そのような観察と密接に結びついていると言える．

　ここで，東郷 (1991) が言及している，大賀・メランベルジェ (1987, pp.134-136) の右方同格における定冠詞の有無に関する興味深い指摘について触れておきたい．大賀・メランベルジェによると，Victor Hugo, *l'auteur des «Misérables»* における定冠詞付きの同格は「ご存知の『レ・ミゼラブル』の著者」という解釈を持ち，読み手にとっての既知の情報を表すことになるのに対し，日本の外務大臣が誰かはフランス人にあまり知られていないため，M. Abe, *ministre des Affaires étrangères du Japon* のように同格は無冠詞で未知の情報として提示される，ということである．厳密な使い分けがあるかどうかは疑問であるとしながらも，大賀・メランベルジェは，右方同格が定冠詞を伴うか否かを既知情報か未知情報かによって区別している．

　確かに，定冠詞付きの右方同格が，大賀・メランベルジェが言うような既知情報を表す意図で用いられていると考えられる例は筆者のコーパスにも見られる (34)．

(34) Mais lui [= Vincent Van Gogh], d'où tira-t-il son inspiration? De Jean-François Millet, *le peintre des paysans*. (*L'Express*, 2463, 17 / 9 /1998, p.62)

しかし，次の二つの例を見れば，右方同格のおける定冠詞の有無が既知情報・未知情報の区別とは必ずしも一致しないことは明らかであろう．(35) は，マリリン・モンローの死に関する記事の中に現れている文である．

(35) On avait rabattu un drap sur la tête, ne laissant visible qu'une mèche de cheveux blond platine. Un homme à l'air distingué était assis, abattu, près du lit, la tête baissée, le menton dans les mains, le Dr Hyman Engelberg. Un autre homme, debout près de la table de nuit, se présenta comme le Dr Ralph Greenson, *le psychiatre de Marilyn Monroe*. (*L'Express*, 2467, 15/10/1998, p.53)

(35) においては，le Dr Ralph Greenson に対する同格は，le psychiatre de Marilyn Monroe のように定冠詞を伴って現れている．一方，次のページに載せられているラルフ・グリーンソン博士の写真の下には次のように書かれている．

(36) Le Dr Ralph Greenson, *psychiatre de Marilyn*, était chez l'actrice quand Jack Clemmons est arrivé. «Elle s'est suicidée.» (*L'Express*, 2467, 15/10/1998, p.54)

(36) において，支えは (35) と同様，le Dr Ralph Greenson であるが，同格表現は (35) とは異なり，無冠詞で現れている．

　果たして (35) の文を目にしたフランス人のうちの何人が，ラルフ・グリーンソン博士がマリリン・モンローの精神科医であると知っていたであろうか．また，(36) を読む際には既知であるはずの「マリリン・モンローの精神科医」という情報がなぜ無冠詞の右方同格で表されているのであろうか．もし定冠詞付きの右方同格が既知情報を，無冠詞の右方同格が未知情報を表すならば，ここでの使い方は逆であるということになってしまう．しかしながら，(35), (36) における右方同格の使い方は決して不適切であるとは見なされない．(35) において同格として用いられている le psychiatre de Marilyn Monroe という定名詞句は，既知の個体を指示しているのではなく，単に役割を表しているに過ぎない．したがってこの同格は，読者にとってラルフ・グリーンソン博士が既知であるという前提も，彼がマリリン・モンローの精神科医であることが既知であるという前提も要求しないのである．このような複合定名詞句が用いられた同格は，既知か未知かという問題

第2章 同格として現れる無冠詞名詞句

とは必ずしも関係はなく，役割のみの提示によってある個体を同定しているものと考えられる．では，(36) においては，なぜ右方同格が無冠詞で現れているのであろうか．この問題を解く鍵は，次のCHEVALIER et al. (1964) の解説に見いだすことができるように思われる．

(37) «*Phèdre*», *tragédie de Racine*. (C'est une étiquette.)
 «*Phèdre*», la *tragédie de Racine*. (Le groupe apposé identifie le substantif *Phèdre*.)
 «*Phèdre*», une *tragédie de Racine*. (L'article isole *Phèdre* parmi les tragédies de Racine.) (p.220)

このように，CHEVALIER et al. は，無冠詞の右方同格が「ラベル (étiquette)」であると説明している．同様に，WAGNER & PINCHON (1991) も，無冠詞で現れる同格名詞句が「ラベル」としての価値を持つと述べている．次節では，無冠詞の右方同格におけるラベル的機能について論じる．

2.3. ラベル的機能

CHEVALIER et al. (1964) およびWAGNER & PINCHON (1991) はなぜ無冠詞の右方同格を「ラベル」とみなしているのであろうか．それは，「言語内レベル」と「言語外レベル」という二つのレベルを区別することにより明らかになる．

古川 (1988) は次のように述べている．

「定名詞句の指示対象の概念は，二つのレベルにおいて考えるべきである．一つは，言語内のレベルであり，このレベルにおいては，たとえばla capitale de la Franceは，「フランスの首都」という意味内容を指示対象としている．もう一つは，言語外のレベルであり，このレベルにおける指示対象は，パリという具体的な都市である」(p.18)．

このような言語内レベルと言語外レベルの区別は，定名詞句だけでなく，無冠詞名詞句にも当てはまるように思われる．例えば，

(38) Le président Carlos Menem, *père du miracle argentin*, est resté fidèle à la tradition latino-américaine d'enrichissement personnel et de tolérance à l'égard de la corruption. [=(25a)]

75

において，同格として現れている無冠詞名詞句 père du miracle argentin は，言語内レベルにおいて，「アルゼンチンの奇跡の父」という意味内容を記述する一方で，言語外レベルにおいて，Carlos Menem という具体的な人物と結びついているのである．無冠詞の右方同格 père du miracle argentin は，支えである le président Carlos Menem とは何ら統辞的つながりを持っていないため，le président Carlos Menem という言語表現に直接結びついているとは考えにくい．現働化[12]していないはずの無冠詞名詞句が言語外レベルにおいて何らかの機能を持つというのは一見矛盾するように思われるかもしれないが，無冠詞名詞句は，意味内容を記述するだけでなく，言語記号そのものを一種の「名称」として働かせることも可能なのである．この名称としての働きは固有名詞に匹敵するものであると考えられる．実際，(39a) のように固有名詞が右方同格として現れる例もいくつか見られる．

(39) a. Contrairement aux supputations de son entourage, le président de la République démocratique du Congo (RDC), *Laurent-Désiré Kabila*, n'a aucune chance de rencontrer Jacques Chirac prochainement. (*L'Express*, 2467, 15/10/1998, p.10)

この例における同格の Laurent-Désiré Kabila は少なくとも二通りの解釈が可能である．敢えてパラフレーズするならば，それぞれ (39b), (39c) のようになる．

(39) b. [...], le président de la République démocratique du Congo (RDC), *qui est Laurent-Désiré Kabila*, [...]
    c. [...], le président de la République démocratique du Congo (RDC), *qui s'appelle Laurent-Désiré Kabila*, [...]

(39b) における Laurent-Désiré Kabila は指示的な読みを持ち，先行詞を具体的な値によって同定していることになる．この場合，Laurent-Désiré Kabila は定冠詞付きの右方同格と同じ解釈を持つ．しかしながら，一般のフランス人読者が Laurent-Désiré Kabila という固有名詞を与えられることによってコンゴ共和国大統領を同定できるかどうかはいささか疑問である．むしろ (39c) のように解釈する方が自然であろう．すなわち，Laurent-Désiré Kabila という言語記号は，具体的な人物を表しているのではなく，大統領の名称としての価値しか持たないのである．言い換えれば，コンゴ民主主義共和国大統領に対し，Laurent-Désiré Kabila

---

12 現働化 (actualisation) については MOIGNET (1981) 参照．

という「ラベル」が貼られているだけなのである．このようなラベリングの解釈は，固有名詞だけでなく，無冠詞の普通名詞にも当てはまることであり，(38) におけるpère du miracle argentin はCarlos Menem 大統領に対する「ラベル」としての機能を持っていると考えられる．このラベルとしての機能は言語外レベルに属するものである．すなわち，père du miracle argentin というラベルは，支えとなるle président Carlos Menem という名詞句に対して直接付与されているわけではなく，le président Carlos Menem という名詞句によって導入された言語外世界のCarlos Menem 大統領という個体に対して付与されていると考えられるのである[13]．

ここで，再び (35), (36) の説明を試みることにする．

(35) On avait rabattu un drap sur la tête, ne laissant visible qu'une mèche de cheveux blond platine. Un homme à l'air distingué était assis, abattu, près du lit, la tête baissée, le menton dans les mains, le Dr Hyman Engelberg. Un autre homme, debout près de la table de nuit, se présenta comme le Dr Ralph Greenson, *le psychiatre de Marilyn Monroe*. (*L'Express*, 2467, 15 /10 / 1998, p.53)

(36) Le Dr Ralph Greenson, *psychiatre de Marilyn*, était chez l'actrice quand Jack Clemmons est arrivé. «Elle s'est suicidée.» (*L'Express*, 2467, 15 /10 /1998, p.54)

(35) において，支えであるle Dr Ralph Greenson は，解釈上，名前という情報としての価値しか持っておらず，実質的な指示対象は持っていない．したがって，それ自体では具体的な言語外の人物を想起させないため，右方同格は，ラベル的機能を持つ無冠詞名詞句ではなく，定名詞句の形をとっていると考えられる．この場合，同格によって，«le Dr Ralph Greenson est le psychiatre de Marilyn Monroe» という命題内容が伝えられていると思われる．一方，(36) においては，ラルフ・グリーンソン博士が既にイメージや写真として言語外に存在しているため，右方同格がラベルとして無冠詞で現れているのであろう．ただし，(36) のような例は，必ずしも規範的な例ではなく，むしろ支えとなる人や物は初出であることが多い．その場合，支えが記述されると同時に具体的な人や物も導入され，無冠詞の右方同格がラベルとして機能することができると考えられる．

また，(29) において東郷 (1991) が指摘しているように，支えとなっている人物

---

13 第1章で述べた属詞位置の無冠詞名詞句の場合，元々存在する「ラベル」が属詞位置に現れて記述的に働くのに対し，同格の場合は，記述的表現を「ラベル」として転用しているため，方向性が逆である．

が発言者として表れている場合,右方同格は無冠詞になりやすいが,このことは無冠詞の右方同格がラベル的機能を持つことの傍証であるように思われる.すなわち,発言者として現れているということは,言語外の世界にその存在が想定されなければならないことになり,無冠詞の右方同格はこの言語外の具体的な人物と結びつくのである.筆者の収集例においては,支えが発言者である場合,右方同格は通常無冠詞であり,多くの場合,冠詞を加えると相対的に不自然になると判断される (40, 41).

(40) a. «Le procès Microsoft, pourtant, est aussi celui du XXIe siècle. Car il est cette fois question du contrôle hautement stratégique des technologies de l'information», explique Elie Cohen, *directeur de recherche au CNRS*. (*L'Express*, 2463, 17/9/1998, p.21)

b. ?«Le procès Microsoft, pourtant, est aussi celui du XXIe siècle. Car il est cette fois question du contrôle hautement stratégique des technologies de l'information», explique Elie Cohen, *le directeur de recherche au CNRS*.

(41) a. «Essentiellement les poissons blancs et les poissons plats», souligne Capucine Mellon, *chercheur à l'Ifremer (Institut français de recherche pour l'exploitation de la mer)*. (*L'Express*, 2463, 17/9/1998, p.23)

b. ?«Essentiellement les poissons blancs et les poissons plats», souligne Capucine Mellon, *un chercheur à l'Ifremer (Institut français de recherche pour l'exploitation de la mer)*.

さらに,VAN DEN BUSSCHE (1988) は,(42a) に見られるような右方同格が (42b) のようにダッシュでくくられた挿入節 (proposition parenthétique) で言い換えられることを指摘している.

(42) a. Jean, *mon meilleur ami*, m'aidera. (VAN DEN BUSSCHE, 1988, p.128)

b. Jean — *il est mon meilleur ami* — m'aidera. (*ibid.*)

ここで指摘されている右方同格は限定詞を伴っており,その書き換えは文の形をとっている.筆者のコーパスの中には,(43a), (44a) のように,ダッシュや括弧でくくられた無冠詞名詞句がいくつか見られるが,これらは (43b), (44b) のような無冠詞の右方同格での書き換えが可能である.

(43) a. Furieux de ne pas pouvoir prendre position sur le marché français, Rolf Breuer — *patron de la Deutsche Bank* — aurait facilité l'alliance, cet été, de la place bourcière allemande avec celle de Londres plutôt qu'avec celle de Paris. (*L'Express*, 2463, 17 / 9 /1998, p.9)

b. Furieux de ne pas pouvoir prendre position sur le marché français, Rolf Breuer, *patron de la Deutsche Bank*, aurait facilité l'alliance, cet été, de la place bourcière allemande avec celle de Londres plutôt qu'avec celle de Paris.

(44) a. Dans les milieux de l'assurance, on parle de Jean-Jacques Bonnaud (*ancien président*) et de Patrick Thourot (*directeur de Préservatrice foncière assurance — groupe Athéna*) pour succéder à Jean-Claude Jolain à la tête des Mutuelles du Mans. (*L'Express*, 2463, 17/9/1998, p.9)

b. Dans les milieux de l'assurance, on parle de Jean-Jacques Bonnaud, *ancien président*, et de Patrick Thourot, *directeur de Préservatrice foncière assurance — groupe Athéna*, pour succéder à Jean-Claude Jolain à la tête des Mutuelles du Mans.

このような観察から，無冠詞の右方同格は，限定詞付きの右方同格と異なり，命題内容を表すのではなく，それ自体で完成された表現をなしていると考えられる．右方同格として現れる無冠詞名詞句は，コンマによって切り離されることにより，ダッシュや括弧によって閉鎖された場合と同様，支えが含まれている文には組み込まれておらず，周りの文脈とは別の次元に属していることを表していると言える．この別の次元，すなわち，この場合，言語外のレベルにおいて，無冠詞の右方同格は，支えによって導入された具体的な対象と結びつくラベルとして機能していると考えられるのである．

3. 前方同格

3. 1. 統辞的制約

PICABIA (2000) が述べているように，前方同格と右方同格との統辞的な大きな違いとして，次の二点を挙げることができる．まず，一つめは，右方同格が無冠詞名詞句も冠詞付き名詞句も受け入れるのに対し (45a, b)，

(45) a. Hubert Védrine, *porte-parole du président*, expose la stratégie présidentielle. (p.72)
   b. Hubert Védrine, *le porte-parole du président*, expose la stratégie présidentielle. (*ibid.*)

前方同格は必ず無冠詞であるという点である (46a, b)。

(46) a. *Porte-parole du président*, Hubert Védrine expose la stratégie présidentielle. (p.71)
   b. **Le porte-parole du président*, Hubert Védrine expose la stratégie présidentielle. (p.72)

二つめは，右方同格が，主語だけではなく，(47) が示すように，いかなる統辞的項も支えとすることができるのに対し，

(47) a. Paul a rencontré Hubert Védrine$_i$, *porte-parole du président*$_i$. (p.75)
   b. Paul a écrit à Hubert Védrine$_i$, *porte-parole du président*$_i$. (*ibid.*)

前方同格は，(48) が示すように，主語しか支えにできないという点である。

(48) a. *Voiture extraordinaire*$_i$, la 2CV$_i$ m'a transportée tout autour du monde. (*ibid.*)
   b. **Voiture extraordinaire*$_i$, j'ai acheté une 2CV$_i$. (*ibid.*)

ただし，PICABIA は，与格補語をとる非人称構文や人以外のものを主語としている心理動詞 (verbes psychologiques) が用いられている場合，直接・間接目的補語代名詞が支えとなりうることを付け加えている (49, 50)。

(49) *Assistante dans le film où j'ai fait sa connaissance*$_i$, *Éducation de Prince*, il m$_i$'appartenait de le [= Jouvet] réveiller au moment opportun. (p.78)
(50) a. *Ancien légionnaire*$_i$, casser du black l$_i$'amuse. (*ibid.*)
   b. *Correcteur professionel*$_i$, toute coquille dans un livre l$_i$'exaspère. (*ibid.*)

NEVEU (2000) も，主語以外の位置の名詞句は前方同格の支えになれないが，人称代名詞か所有形容詞の形であれば支えとなることができることを指摘している (51-53)。

(51) a. *Chanteur infatigable*, son voisinage n'est pas de tout repos. (p.114)
   b. ?*Chanteur infatigable*, le voisinage du barbier de Séville n'est pas de tout repos. (p.115)
(52) a. *Chanteur infatigable*, les barbes l'inspirent irrémédiablement. (p.114)
   b. ?*Chanteur infatigable*, les barbes inspirent le barbier de Séville irrémédiablement. (p.115)
(53) a. *Chanteur infatigable*, un même talent fait son bonheur et le malheur de ses clients. (p.114)
   b. ?*Chanteur infatigable*, un même talent fait le bonheur du barbier de Séville et le malheur de ses clients. (p.115)

筆者の収集例においては，前方同格の支えは主語位置に現れるものしかないが，代名詞が多く見られる．この代名詞は無強勢形であるが，無強勢形の代名詞を支えとすることは右方同格には見られない特徴である．前方同格の支えが名詞句か固有名詞である場合，(54) が示すように，右方同格に書き換えることが可能であるが，(55a) のように前方同格が無強勢形の代名詞を支えとする場合，(55b) のような右方同格への書き換えは不可能である．

(54) a. *Leader mondial incontesté depuis bientôt dix ans*, Ely Callaway a bâti son empire sur le succès de ses premiers bois à grosse tête, les Big Bertha. (*L'Express*, 2467, 15/10/1998, p.25)
   b. Ely Callaway, *leader mondial incontesté depuis bientôt dix ans*, a bâti son empire sur le succès de ses premiers bois à grosse tête, les Big Bertha.
(55) a. *Arboriculteur en Touraine*, il [= le père de Christine Boutin] connaît le chômage, «alors que la période était à l'expansion économique», le gel de ses vergers le conduit à la ruine. (*N.O.*, 1775, 12 /11/1998, p.28)
   b. ?Il, *arboriculteur en Touraine*, connaît le chômage, «alors que la période était à l'expansion économique», le gel de ses vergers le conduit à la ruine.

(55a) における主語代名詞 il は前方照応的に用いられている．すなわち，il の指示対象は言語内レベルに属しているのである．そのため，右方同格のラベリングという言語外レベルの操作に対する支えとなるには齟齬が生じると考えられる．では，なぜ前方同格は無強勢形の主語代名詞を支えとしうるのであろうか．

3. 2. 「形式的支え」と「実質的支え」

次の例 (56), (57) において,

(56) *Ame solitaire, voyageur infatigable, Lorenzo Lotto* n'obtint jamais la renommée d'un Titien ou d'un Raphaël, ses contemporains. (*N.O.*, 1775, 12/11/1998, p.62)
(57) *Sculpteur et peintre, il* [=Tchang Tchong-jen] vivait en France depuis 1984. (*L'Express*, 2467, 15/10/1998, p.21)

前方同格の支えは, (56) では固有名詞, (57) では代名詞の形で現れているが, どちらも前方同格との統辞的結びつきについては, 右方同格の場合と同様, 保証されていない. したがって, 右方同格と同様に, 言語外レベルで支えと同格が結びついていることが推測される. しかし, ここで問題が生じる. (56) においては, 前方同格 âme solitaire, voyageur infatigable が, 支えである Lorenzo Lotto が表す人物と言語外レベルで結びつくという説明が可能であるとしても, (57) においては, 前方同格 sculpteur et peintre が, 支えである il が表す人物と言語外レベルで結びつくという説明は困難である. なぜなら, 前述のとおり, 無強勢形の代名詞である il は, 言語内レベルに属しているからである. 右方同格において支えとなることができない無強勢形の主語代名詞が, 前方同格とともに用いられた場合のみ支えとしての資格を持つとは考えにくく, 純粋に支えとして機能しているか否かは疑わしいように思われる.

実際のところ, 無強勢形の主語代名詞の場合に限らず, 前方同格に後続する主語は, 前方同格の完全な支えとして機能しているわけではなく, 本当の支えは先行文脈に現れているのである. NEVEU (2000) は, 前方同格の情報構造の面に着目し, 前方同格は厳密な意味で談話の最初に用いられることはなく, 必ず文脈やタイトルなどが先行しており, 前方同格のいわゆる支えは談話の中でのテーマを表していることを指摘している (58).

(58) Jean-François Lyotard, l'une des figures de la philosophie française de la seconde moitié du XXe siècle, aux côtés de Gilles Deleuze, Michel Foucault ou Jacques Derrida, est mort à Paris dans la nuit du lundi 20 au mardi 21 avril des suites d'une leucémie. Il était âgé de soixante-treize ans. *Professeur à la Sorbonne, à Nanterre, à Vincennes, engagé en politique dès les années 50 dans le groupe*

第2章 同格として現れる無冠詞名詞句

Socialisme ou barbarie avec Claude Lefort et Cornélius Castoriadis, auteur d'une trentaine d'ouvrages, il n'aura cessé d'interroger sur «la naissance et la mort de l'improbable», sur l'événement. (*Le Monde*, 22 / 4 /1998, cité par NEVEU, 2000, pp.117-118)

実際, (56), (57) にも, 次のように先行文脈が存在している.

(56´) Un maître de la Renaissance [titre secondaire] LE SALON DE *LOTTO* [titre principal] *Ame solitaire, voyageur infatigable, Lorenzo Lotto* n'obtint jamais la renommée d'un Titien ou d'un Raphaël, ses contemporains.

(57´) Le 8 octobre. *Tchang Tchong-jen*, qui inspira le personnage de Tchang dans *Le Lotus bleu*, un album des aventures de Tintin, décède. Il avait rencontré Hergé en 1934 à Bruxelles. *Sculpteur et peintre, il* vivait en France depuis 1984.

(56´) においては, 前方同格にタイトルが先行している. 前方同格のいわゆる支えは後続する主語名詞句 Lorenzo Lotto であるが, この人物はメインタイトルの中に現れており, テーマとして既に導入されている. また, (57´) においては, 前方同格にいくつかの文が先行している. 前方同格のいわゆる支えは直後に現れる il という主語代名詞である. この代名詞が照応しているのは先行文脈に現れている Tchang Tchong-jen であり, この人物は発話の中でテーマとして与えられている. すなわち, 前方同格の支えと見なされている名詞句あるいは代名詞は, それ自体で自立して言語外に指示対象を持っているのではなく, 先行する文脈に依存しているのである. (57´), (58) のように, 前方同格の支えが代名詞で現れやすいのは, まさにこのような依存関係があるからである. したがって, 前方同格のいわゆる支えは「形式的支え」(support formel) に過ぎず,「実質的支え」(support substantiel) はあらかじめ先行文脈によって導入された人や物であると言える. 前方同格は, 実質的支えによって導入された具体的な人や物に対して, 言語外レベルにおいてラベルとして結びついているのである. 形式的支えは, その際に, 実質的支えを見いだすための指標として働いている. このように, 前方同格は, 右方同格と異なり, 形式的支えと実質的支えという二つの支えを持つが, ラベル的機能を持つという点は共通している. しかし, ラベルの性質は両者の間で異なっている.

3. 3. 新たな視点の導入

右方同格において，職業，肩書き，身分などの，定義的，客観的記述が多く見られるのに対し，前方同格においては，比喩的，主観的，偶発的記述が比較的多く見られる (59, 60)。

(59) *Navigateur déboussolé*, le président des Etats-Unis, à supposer qu'il finisse son mandat, parviendra-t-il à tenir son rôle jusqu'à l'an 2000? (*L'Express*, 2463, 17 / 9 / 1998, p.42)

(60) *Cibles de crachats, d'insultes, de jets de pierre ou d'agressions physiques*, les employés et fonctionnaires des services publics sont au bord de la crise de nerfs. (*L'Express*, 2467, 15 / 10 / 1998, p.26)

(59) において，合衆国大統領は，本質的に，道に迷った船乗りとして定義付けられるわけではなく，書き手の主観によって，比喩的に記述されている．一方，(60) において，公共事業の職員や公務員は，さまざまな攻撃の標的になることがその本質であるわけではなく，偶発的にそうなってしまっただけである．なぜこのような本質的でない属性が現れやすいのであろうか．

既に述べたように，前方同格の支えは先行文脈においてテーマとして与えられている．次の (61), (62) においてもそれが観察される．

(61) Mais lui [= Vincent Van Gogh], d'où tira-t-il son inspiration? De Jean-François Millet, *le peintre des paysans*. Un hommage les réunit pour la première fois sur les cimaises du musée d'Orsay. [alinéa] *Fils de cultivateur*, Millet avait été bon laboureur et en tirait vanité. (*L'Express*, 2463, 17/9/1998, p.62)

(62) La cour suprême de Pennsylvanie vient de rejeter la demande en révision du procès de Mumia Abu Jamal, *le journaliste noir condamné à mort depuis 1981 et qui n'a cessé de clamer son innocence*. [...] *Ancien membre des Black Panthers*, le journaliste avait constamment dénoncé les violences policières. (*N.O.*, 1775, 12 / 11 / 1998, p.36)

(61) において，Millet が初めて現れる際には，定冠詞付きの右方同格によって「画家」として定義付けられている．しかしながら，次の段落に入るところで，前

第2章　同格として現れる無冠詞名詞句

方同格によって「農民の息子」として記述され，最初の定義とは違う属性が与えられている．これは，新しいラベルを貼ることにより，新しい視点を導入し，話題を転換しているものであると考えられる．前方同格として現れる属性は，後続文を述べる上で必要な属性でありさえすれば良いため，支えとなる人や物にとって本質的ではない属性が現れやすいのであろう．(62) も同様であり，Mumia Abu Jamal という人物は，最初は「新聞記者」として定義されるが，後から「元黒豹党員」としての視点が導入されている．

　このように，前方同格は支えにとって定義的ではない属性を記述しているのであり，たとえ職業や身分を表す表現が前方同格として表れた場合であってもそのことに変わりはない．例えば，次の (63) において，

(63) LKJ [= Linton Kwesi Johnson] parle le reggae. *Poète*, il dénonce l'oppression des Noirs ou les brutalités policières à coups de rimes assassines, implacablement syncopées, mêlant anglais littéraire et créole jamaïquain. *Militant*, il défend ce qu'on n'ose plus appeler le «socialisme révolutionnaire». On a appelé son style la *dub poetry*. (*L'Express*, 2463, 17 / 9 / 1998, p.64)

前方同格である poète と militant は，どちらも身分を表す表現である．しかし，Linton Kwesi Johnson という人物の主たる職業は音楽家であり，どちらの同格も定義的な記述とは言えない．この二つの前方同格は対比的に用いられており，Linton Kwesi Johnson の別々の「顔」をとらえていると考えられる．すなわち，poète という前方同格に続く記述は，彼の詩人としての側面を描いたものであるのに対し，militant という前方同格に続く記述は，彼の活動家としての側面を描いたものである．したがって，poète も militant も，後続する記述を導くために引き出された Linton Kwesi Johnson の断片的な属性に過ぎないのである．次の (64) における前方同格も本質的性質を表してはいない．

(64) Pascal Commère était tout jeune quand l'accident eut lieu. Le propriétaire de l'écurie décida qu'il remplacerait son père au pied levé et le mettrait à son tour dans l'étrier. Dès lors, il cessa de grandir. A 15 ans, il mesurait 1,38 mètre et pesait 38 kilos. *Apprenti*, il est fasciné (mélange de panique et d'admiration) par le monde des chevaux. (*N.O.*, 1775, 12 /11 / 1998, p.59)

この例では，現在作家である Pascal Commère を apprenti と定義付けているわけではない．前方同格 apprenti は，解釈上，à 15 ans と対比されており，時間的な定位を表している．すなわち，apprenti に続く記述は，Pascal Commère がジョッキーの見習いだったときの出来事を記述しているのであり，apprenti という前方同格は，彼の現在の姿とは違う属性を表している．(65) においても，前方同格は過去の姿を記述している．

(65) *D'abord mécanicien, puis pilote sur la ligne Toulouse-Casa-Dakar*, Saint-Exupéry est bientôt nommé chef d'escale à Cap-Juby, un fortin espagnol situé en plein désert, que les pilotes rejoignent après avoir longé la côte marocaine. (*N.O.*, 1775, 12 /11 /1998, pp.9-10)

(65) は，サン＝テグジュペリが整備工，パイロットを経て，寄航地の主任に任命されたことを表している．ここでの前方同格は，サン＝テグジュペリの過去の経歴を挙げているのであり，サン＝テグジュペリをサン＝テグジュペリたらしめると一般に認識されている属性を表しているのではない．このように，職業や身分を表す表現が前方同格として表れた場合においても，それは後続する記述に対してのみ必要な属性に過ぎず，支えとなる人や物を定義付けるような本質的な属性ではないことは明らかである．

3. 4. 状況項との関係

PICABIA (1991) は，前方同格と右方同格の意味解釈の違いについて，次の二つの文をとりあげている．

(66) a. *Officier*, Alfred de Vigny connut l'ennui. (p.92)
   b. Alfred de Vigny, *officier*, connut l'ennui. (*ibid.*)

PICABIA の説明は以下のとおりである．(66a) は，「士官だったとき，Alfred de Vigny は退屈していた」という解釈になり，前方同格は状況を表す従属節の役割を果たしていることになる．一方，(66b) の談話的連鎖はあまり良くなく，述部が例えば fit la guerre（従軍した）であれば良くなる．右方同格は，状況項的価値は持たず，主語の同定を行っているだけであり，これにより主語と述部が結びつ

くということである.

前方同格が状況項的価値を持つという考え方は, VAN DEN BUSSCHE (1988), PICABIA (1993, 2000) においても示されている. PICABIA (1993) は, 次の (67a-70a) が (67b-70b) のように解釈されると述べている.

(67) a. *Assistante dans le film "Éducation de Prince"*, Françoise devait réveiller Jouvet au moment opportun. (p.427)
   b. *Parce que Françoise était assistante*, elle devait réveiller Jouvet. [causatif] (p.428)
(68) a. *Orateur remarquable*, Atticus était un médiocre écrivain. (p.427)
   b. *Tout remarquable orateur qu'il fût*, Atticus n'en était pas moins un médiocre écrivain. [concessif] (p.428)
(69) a. *Enfant*, Marie faisait des cauchemars. (*ibid.*)
   b. *Quand Marie était enfant*, elle faisait des cauchemars. [temporel] (*ibid.*)
(70) a. *Vivante image de la douleur*, une femme invective les journalistes. (*ibid.*)
   b. *Comme la vivante image de la douleur*, une femme invective les journalistes. [de manière] (*ibid.*)

確かに, 筆者の収集例においても, PICABIA (1993) が示しているような状況項への書き換えが可能な前方同格は多く見られる (71-73).

(71) a. Dans sa biographie, Branson ajoute une pierre à sa légende, même si tout ce qu'il y révèle n'est pas forcément à sa gloire. Ainsi, *jeune homme amoureux et inflexible*, il visite le Mexique avec sa belle de l'époque. (*N.O.*, 1775, 12 /11 /1998, p.18)
   b. Ainsi, *alors qu'il est un jeune homme amoureux et inflexible*, il visite le Mexique avec sa belle de l'époque.
(72) a. Le Groupe de contact (Etats-Unis, Russie, Grande-Bretagne, France, Allemagne, Italie), dont la cohésion paraît ébranlée par le forcing américain, plaide tout au plus pour une restauration limitée de l'autonomie octroyée en 1974 par Tito à la province rebelle, et à laquelle Milosevic mit fin quinze ans plus tard. Une autre hypothèque, moscovite celle-ci, pèse sur l'«après-frappes». *Bateau ivre balloté par la crise*, la Russie n'a certes pas les moyens d'entraver

le jeu de l'Otan. (*L'Express*, 2467, 15 /10 /1998, p.39)
b. *Comme c'est un bateau ivre balloté par la crise*, la Russie n'a certes pas les moyens d'entraver le jeu de l'Otan.
(73) a. Mitterrand vient de là, de la droite catholique. Mais il a rencontré des hommes de gauche avant guerre — Georges Dayan, qui est socialiste — puis, pendant la guerre, les communistes — Robert Antelme, Marguerite Duras, Edgar Morin et d'autres. Il a apprécié leur organisation, leur courage, leur dignité. Or le voilà, la paix revenue, qui propose un programme de droite! En fait, je ne pense pas qu'il fût structurellement de droite. C'est avant tout un homme d'opposition. Qui se pose en s'opposant. Il y est resté si longtemps, il y a été si heureux qu'il a du mal à quitter ce registre. *Même président de la République*, il campe dans l'opposition. (*L'Express*, 2463, 17 /9 /1998, p.14)
b. *Bien qu'étant président de la République*, il campe dans l'opposition.

(71) は時，(72) は理由，(73) は譲歩を表す状況項として書き換えが可能である[14]．

しかしながら，NEVEU (2000) は PICABIA (1993) とは違った立場をとっている．NEVEU は，前方同格の状況項的価値は非常に不安定なものであり，広い文脈の中でしか確立されないものであると述べている．例えば，

(74)　*Clandestin*, je fus vrai. (J.-P. SARTRE, *Les Mots*, cité par NEVEU, 2000, p.113)

において，文脈のない場合は，bien que clandestin という譲歩の解釈が自然であるが，実際の文脈では，parce que j'étais clandestin という理由の解釈になる，と NEVEU は説明している．実際のところ，前方同格が状況項的価値を持つと主張している PICABIA (2000) も，

(75) a. *Ministre de la culture*, Françoise Giroud a été amenée à décorer Jean Renoir. (p.71)

における前方同格が，理由の解釈 (75b) になるか，時間的解釈 (75c) になるかは，

14　筆者のコーパスの中には，次の例のように，譲歩を表す従属接続詞のついた無冠詞名詞句の例も見られる．
　　Bien que personnage de l'ombre, Shrum est ce qu'on appelle ici un *big shot*, un gros poisson, un des top stratèges du camp démocrate pour les élections de la Chambre des Représentants et du tiers du Sénat du 3 novembre. (*N.O.*, 1772, 22 /10 /1998, p.32)

第2章　同格として現れる無冠詞名詞句

どちらかにはっきり区別されるものではなく，混ざり合っているものであると述べている．

(75) b. C'est *parce que F. Giroud était ministre de la culture* qu'elle a décoré Renoir. (p.74)
　　 c. C'est *lorsqu'elle était ministre* que F. Giroud a décoré Renoir. (p.75)

このように解釈のはっきりしない前方同格が本質的に状況項的価値を持つとは考えにくいように思われる．したがって，Neveu (2000) が主張しているように，前方同格の状況項的価値は，文脈によって与えられる偶発的なものであり，前方同格が本質的に持っているものではないと考えるべきであろう．それは次の例からも言えることである．

(76) Mais lui [= Vincent Van Gogh], d'où tira-t-il son inspiration? De Jean-François Millet, le peintre des paysans. Un hommage le rénit pour la première fois sur les cimaises du musée d'Orsay. [alinéa] *Fils de cultivateur*, Millet avait été bon laboureur et en tirait vanité. [=(61)]

(77) Mais, sur la quinzaine de marques vendues en France, deux seulement se partagent les trois quarts du marché : l'américaine Callaway et la française Taylor Made. [alinéa] La première vend, à elle seule, près de la moitié des clubs. *Leader mondial incontesté depuis bientôt dix ans*, Ely Callaway a bâti son empire sur le succès de ses premiers bois à grosse tête, les Big Bertha. (*L'Express*, 2467, 15 /10 /1998, p.25)

(76), (77) に見られる前方同格は，状況項への書き換えが困難であるように思われる．これらの前方同格は，何らかの状況項的価値によって後続文と結びついているわけではなく，新たな視点を導入しているに過ぎない．いわば，前方同格は，後続する文に対して一種の標題を与えているのである．このように，前方同格は支えとなる名詞句だけでなく，支えを含む文全体に関わっているため，これまで数々の研究において状況項と関連付けて論じられてきたのであろう．しかし，前方同格が後続文とどのような意味関係を持つかは曖昧であり，本質的には前方同格は意味構造的に未決定なものであると言わざるを得ない．

4. 結語

　最後に，右方同格として表れる無冠詞名詞句と前方同格として表れる無冠詞名詞句について簡単にまとめておく．

　無冠詞の右方同格は，関係節とは異なり，統辞構造的には未決定なものである．したがって，先行する支えに言語内レベルで直接結びつくのではなく，その支えによって導入された言語外の人や物に結びつくのである．すなわち，右方同格は具体的な個体に対する一種のラベルとして機能しているのである．また，この個体との結びつきしか想定されないため，職業，肩書き，身分などの客観的，定義的属性が表れやすい．

　一方，前方同格は，形式的支えと実質的支えという二つの支えを持ち，実質的支えによって導入された言語外の人や物と結びつく．また，後続文につなげるための新たな視点を導入しており，後続文を述べる上でのみ必要な属性を表すため，支えとなる人や物の定義的属性ではなく，非本質的属性を記述していることが多い．前方同格は，後続文との間での意味解釈が曖昧であり，意味構造的に未決定なものである．

　無冠詞の右方同格と前方同格を比較すると，どちらも構造的に未決定であり，言語外レベルにおいてラベル的機能を持つという点で共通している．しかし，そのラベルの性質は右方同格と前方同格の間で異なっている．右方同格は先行する支えによって導入された人や物に対するラベルでしかないが，前方同格はテーマとして与えられている人や物に対するラベルであると同時に，後続する文に対するいわばタイトルのような機能も持ち合わせていると考えられる．敢えて言い換えれば，右方同格は絵や彫刻などのタイトルに近い性質を持ち，前方同格は本や章などのタイトルあるいは標題に近い性質を持つと言えるであろう[15]．

15　本のタイトルと絵のタイトルについては第4章で少し触れるが，詳しくは，本のタイトルについては GUILLAUME (1975), MOIGNET (1981), CURAT (1999)，絵のタイトルについては BOSREDON (1997)，青木 (1998) を参照のこと．

第3章

文同格および文タイトルとして現れる無冠詞名詞句

第3章 文同格および文タイトルとして現れる無冠詞名詞句

本章において記述の対象となるのは，次の二つの例のように，文頭に無冠詞名詞句が現れ，その無冠詞名詞句と後続の文がイコール (N=P) の関係にあるものである．

(1) *Chose curieuse,* Françoise déteste le vin. (VAN DEN BUSSCHE, 1988, p.118)

(2) Si le sauvetage est rapide, le pays le paie par une récession forte, mais brève, c'est ce qui est arrivé au Mexique en 1995. Le Japon a fait le choix inverse. Il a attendu plusieurs années pour nettoyer son système bancaire. *Résultat :* il vient de supporter neuf années de crise économique, et même une récession de 1,5% cette année, pour la première fois depuis la Seconde Guerre mondiale. (*N.O.*, 1772, 22 /10 / 1998, p.19)

しかし，(1) と (2) とでは，無冠詞名詞句と後続文の間に現れている句読点が異なっており，(1) ではコンマ，(2) ではコロンが用いられている．以下では，<Ø N + コンマ + 文> と <Ø N + コロン + 文> という二つの構文の比較を行い，それぞれの特徴について考察を行う．

1. 文頭に現れる無冠詞名詞句の分布

フランスの報道雑誌[1]から <Ø N + コンマ + 文>, <Ø N + コロン + 文> の形をした例文を収集し，分析した結果を以下に示す．

1. 1. <Ø N + コンマ + 文>

この構文に属する収集例のうち，N=P と解釈できるものはごくわずかである．例えば，(3) のような例がこれに当たると言える．

(3) Les textes existants permettent déjà une forme de coopération ; appliquons-les bien. Dans l'affaire Dassault, par exemple, la justice belge souhaitait récupérer un certain nombre de scellés. La France a considéré qu'elle devait apporter l'aide la plus large possible, dans la mesure où cela ne portait pas atteinte à ses intérêts. Elle a donc décidé de communiquer tous les scellés réclamés par la justice belge,

---

1 *L'Express*, 2463, 17/9/1998, *L'Express*, 2467, 15/10/1998, *Nouvel Observateur*, 1772, 22/10/1998, *Nouvel Observateur*, 1775, 12/11/199

sauf un, qui ne concernait pas le dossier judiciaire. *Autre exemple,* fin 1997, la Belgique nous a contactés pour faire progresser un dossier portant sur une affaire de stupéfiants. (*L'Express*, 2467, 15 /10 /1998, p.40)

しかし，(3) は (1) と異なり，無冠詞名詞句によって発話者の心的態度が表されているわけではない[2]．(1) のような例に関しては，VAN DEN BUSSCHE (1988) が文全体に付随した同格構文として分析を行っている[3]．ここでは，これを単純に「文同格」と呼ぶことにする．拡張的に，(3) のような例を含め，N=P の関係にあるこの構文を文同格と呼ぶこともできるが，ここで文同格と言った場合，主として (1) のように無冠詞名詞句が発話者の心的態度を示しているものを指すことにする．

<Ø N + コンマ + 文 > 型の構文については，

(4) *Fils de cultivateur,* Millet avait été bon laboureur et en tirait vanité. (*L'Express*, 2463, 17 / 9 /1998, p.62)

のような主語名詞句に結び付いている同格[4] の例が大多数であり，その他には，

(5) Ce jour-là, il a raté sa tentative de changer le nom du RPR, il a subi treize minutes d'ovation à Chirac. Séguin s'en est alors persuadé : on ne lui fera aucun cadeau. Tente-t-il, à la mi-avril, au nom d'un nécessaire devoir d'opposant, de s'opposer à Jospin sur l'euro? *Mauvais combat,* Chirac défend la monnaie européenne, lui rappelle-t-on à l'Elysée. Il est obligé de battre en retraite et, dira-t-il, de se «laisser humilier». (*N.O.*, 1772, 22 / 10 / 1998, pp.26-27)

---

2 さらに，(1) と (3) は次のような統辞的テストにおいても異なったふるまいを示している．
  (i) a. ??*Une chose curieuse,* Françoise deteste le vin.
     b. Françoise deteste le vin, *chose curieuse.*
  (ii) a. *Un autre exemple,* fin 1997, la Belgique nous a contactés pour faire progresser un dossier portant sur une affaire de stupéfiants.
     b. ??Fin 1997, la Belgique nous a contactés pour faire progresser un dossier portant sur une affaire de stupéfiants, *autre exemple.*
3 VAN DEN BUSSCHE (1988) は，同格 (apposition) という呼び方を避け，「いわゆる同格構文」(constructions dites appositives) という表現を用いている．VAN DEN BUSSCHE は文全体に付随した同格の中に，
  Le vieillard, *ce qui ne lui était jamais arrivé,* leva les mains. (GREVISSE, cité par VAN DEN BUSSCHE, 1988, p.118)
  のような ce が先行する関係節も含めており，文頭，文中，文末といった生起する位置について区別を行っていない．本章では，文同格と言った場合，無冠詞名詞句を意味し，文頭に現れるものを対象とする．
4 このような前方同格は既に第2章で扱った．

第3章 文同格および文タイトルとして現れる無冠詞名詞句

のように，同格とは言い難い例がいくつか見られる．(5) においては，無冠詞名詞句はむしろ前述の内容と結び付くものであり，後続する文は付加的な説明であると解釈できる．

1. 2. <Ø N + コロン + 文>

この構文に属する収集例のうち，多くは N=P と解釈できるものである．このタイプの構文に現れる無冠詞名詞句は，後続する文に対してタイトルのような働きをしていると考えられるため，「文タイトル」と呼ぶことにする[5]．文タイトルとして現れる無冠詞名詞句には，関係概念を含む語が多く見られる．その最も代表的なものが，résultat である．既に挙げた (2) の他に，以下のような例が見られる．

(6) Il y a dix ans, quand le programme d'études qui permet maintenant de prévoir El Niño avec plusieurs mois d'avance a été lancé, il était prévu de couvrir la totalité de l'océan tropical avec des instruments de mesure. Faute de moyens, seul le Pacifique a été équipé. *Résultat :* on a dix ans de retard sur l'Atlantique et l'océan Indien. (*N.O.*, 1775, 12 /11 /1998, p.49)

(7) Depuis 1996, le numéro direct du «gestionnaire de comptes» figure sur les bordereaux. Mais sans grand effet. On est encore au royaume d'Ubu : «Le système est encombré en permanence par des renvois internes. Personne, à l'Urssaf de Paris, ne connaît les numéros de postes de ses 3 000 collègues. *Résultat :* on renvoie tout vers le standard...» (*N.O.*, 1775, 12/11/1998, p.16)

(8) A Amsterdam, les «kops» de proximité s'installent dans des appartements ou des petits magasins dans les quartiers chauds. Ils n'hésitent pas à donner des cartes de visite à leur nom aux habitants, qui sont régulièrement invités à noter leur travail. *Résultat :* le taux de criminalité a décru de 30% en trois ans. (*L'Express*, 2467, 15 /10 / 1998, p.27)

このような Résultat : は，形の上では後続文に対していわば標題の役割を果たして

---

[5] N=P であることから，これらの無冠詞名詞句も「文同格」と呼ぶことが可能であるように思えるかもしれないが，(1) の chose curieuse のような文同格が後続の命題内容に対して属詞的に働いているのに対し，(2) の résultat のようにコロンを従える無冠詞名詞句は後続の命題内容に対して属詞的に働いておらず，むしろ後続文の方が résultat に対して属詞的，言い換えれば同格的に働いていると考えられる．いずれにせよ，本章では，形式上の区別として，「文同格」は必ずコンマを伴う無冠詞名詞句であるものとし，コロンを従える無冠詞名詞句のことは「文タイトル」と呼ぶことにする．

おり，一種の固有名詞として働いていると見なすことができる．しかし，解釈の上では先行文と後続文を結ぶ接続詞的な働きも持っており，日本語で言えば「その結果」，「結局」という意味にとれる．Résultat の類義語である conséquence が用いられている場合も同様に解釈できる．

(9) A 16 ans, Lisa Ekdahl apprend la musique. A 18, elle rencontre le pianiste de jazz Peter Nordahl et commence à chanter dans les clubs de Stockholm. Son répertoire : les standards du genre. Son credo : *less is more* (le moins est le plus) ; et son souci : ne pas s'engluer dans une récitation nostalgique. A 20 ans, la miss écrit ses premières chansons. Et, à 22, son tout premier CD pop-folk, *Lisa Ekdahl,* fait un carton (plus de 500 000 albums vendus). *Conséquence :* elle met en veilleuse sa carrière de chanteuse de jazz. Jusqu'à ce qu'une société privée lui commande un album exclusif, qui serait tiré à 500 exemplaires, mais ne serait pas distribué. (*L'Express*, 2467, 15/10/1998, p.77)

また，résumé, paradoxe なども何かとの関係を含意しており，同様に解釈される．

(10) Bien sûr, le 28 septembre, Thibault tempère aussitôt son propos. Il laisse entendre que ce «recentrage» n'a rien à voir avec celui des cédétistes. Il n'empêche. Ce lundi-là, avec l'appui de Viannet, il affirme que la CGT doit changer de peau, et vite. Que propose-t-il? Un syndicalisme de «revendications» mais aussi de «propositions», plutôt qu'un syndicalisme exclusivement orienté vers la «dénonciation». *Résumé :* la CGT doit se battre, mais pour aboutir, quand c'est possible, à des compromis, des accords. (*N.O.*, 1772, 22/10/1998, p.29)

(11) Depuis son élection, le président privilégie donc la «ligne caviar et vodka» : des petits gestes, mais pas davantage. Quand il est en voyage à l'étranger, il rapporte un cadeau à Philippe comme à Alain. Mais au moment des déboires d'Alain à Matignon, il n'a jamais songé à appeler Philippe pour le remplacer. Mieux, en 1997, quand Alain déclare forfait entre les deux tours des élections législatives, Chirac ne fait pas signe à Philippe. *Paradoxe :* c'est Dominique de Villepin, le secrétaire général de l'Elysée, proche de Juppé et croisé de l'anti-séguinisme, qui se charge d'accréditer l'hypothèse Séguin. (*N.O.*, 1772, 22/10/1998, p.25)

第3章　文同格および文タイトルとして現れる無冠詞名詞句

すなわち，Résumé：も，Paradoxe：も，後続文に対する標題として働いているが，これは必然的に先行文脈の「要約」あるいは「逆説」であり，結果的に，Résumé：は「要するに，つまり」，Paradoxe：は「ところが」という接続詞的な意味に解釈される．以上のように，résultat, conséquence, résumé, paradoxe といった名詞は，語彙的性質上，先行文脈との関係を前提にしているため，接続詞的解釈と結びつきやすいと考えられる．

　しかしながら，次のような explication や problème は必ずしも関係概念を表しているとは言えない．

(12) Informé le mardi 13 octobre que la prochaine discussion sur le Pacs viendrait à l'Assemblée les 7 et 8 novembre, Robert Hue s'est exclamé, tout joyeux : «Ça tombe bien, ça m'arrange!» *Explication* : c'est à ces dates-là que doit se tenir la convention sur l'Europe du PC, qui s'annonce délicate, et le secrétaire national est ravi de pouvoir y échapper. (*N.O.*, 1772, 22 /10 /1998, p.22)

(13) Après dix heures de voyage, il [= le cétacé] a été relâché dans un grand bassin aux parois de plastique transparent, aménagé en pleine mer, où il est censé se réadapter pendant quelques mois à la vie sauvage, avant d'être définitivement libéré. [alinéa] *Problème* : l'orque a passé la quasi-totalité de ces vingt ans en captivité, et les spécialistes doutent de sa capacité de réadaptation. (*L'Express*, 2463, 17 /9 /1998, p.28)

(12) の Explication：も (13) の Problème：も後続文に対して標題として機能していることは上で見た例と何ら変わりないであろう．しかしながら，どちらの語も語彙的に関係を含意してはいない．無論，前述の内容に関する説明，前述の内容に関する問題であることに違いはないが，このような解釈は，語そのものの性質によるものではなく，むしろ談話的，語用論的に読みとれるものである．とりわけ，(13) に関しては，problème という語が現れるまで，問題の存在は読者にとって予測不可能なものである．Problème：が現れることにより，問題の存在が提示され，その問題が新たな話題として導入されるのである．

　上で挙げた例は全て無冠詞名詞が単独で現れている例であるが，修飾語を伴う例も多く見られる．

(14) Des exemples en France? En 1952, Ridgway, un général américain ayant com-

97

mandé des troupes en Corée, est nommé patron de l'Otan en Europe et doit rejoindre son quartier général près de Versailles. [...] [alinéa] *Autre exemple :* en 1957, un groupe néonazi ouest-allemand et inconnu revendique un attentat à la mairie de Strasbourg qui, s'il avait été mieux préparé, aurait tué des dizaines de personnes. (*N.O.*, 1772, 22 /10 / 1998, p.9)

(15) Car lorsque les banques sont malades elles restreignent la distrubution de crédits nouveaux. Et si c'est l'ensemble du système bancaire qui vacille, c'est le pays tout entier qui manque de capitaux pour investir et se développer. [alinéa] *Autre risque majeur :* plus une banque se sent fragile, plus elle a tendance à prendre des risques inconsidérés pour essayer de se refaire. (*N.O.*, 1772, 22 /10 / 1998, p.19)

(16) Dans un pays qui compte 7,3 millions d'étrangers (dont plus de 2 millions de Turcs), les promoteurs du projet font justement remarquer que les enfants de parents turcs, immigrés depuis plusieurs générations, ne pouvaient prétendre à la nationalité allemande, bien que nés et scolarisés sur le territoire allemand. Avec la nouvelle loi, fini cette aberration. Ces enfants acquerront automatiquement la nationalité allemande si un de leurs parents est né en Allemagne ou y a immigré avant l'âge de 14 ans. *Seconde innovation :* après huit années de séjour légal en Allemagne (contre quinze aujourd'hui), les étrangers obtiendront la nationalité allemande sans être obligés, comme dans le passé, de renoncer à leur nationalité d'origine. (*N.O.*, 1772, 22 /10 / 1998, p.30)

これらの文タイトルが後続文に対して標題として機能していることはもはや言うまでもないが，(14), (15) においてはautre という形容詞，(16) においてはseconde という序数詞が名詞に付いており，これらの修飾語が先行文脈との結びつきを示唆している．しかしながら，

(17) Pourquoi cette grande variation? Personne ne sait. Cela fait partie des nombreuses questions que se posent chercheurs et météorologues sur cette calamité naturelle. L'enjeu est d'importance : chaque année, la foudre fait, en France, une dizaine de morts et provoque de nombreux dégâts. [alinéa] *Seule certitude :* elle naît d'un court-circuit entre les nuages et la terre. (*L'Express*, 2463, 17/9/1998, p.30)

においては，Seule certitude : という表現そのものは関係付けを含意しておらず，先行文脈と結びつくのは語用論的レベルにおいてということになる．

また，文同格と同様に話者の主観が含まれている文タイトルも見られるが，ごく稀である (18)．

(18) Qu'il est loin ce jour du 13 septembre 1993, où Bill Clinton, le «faiseur de paix», présidait, huit mois après son installation à la Maison-Blanche, à la spectaculaire poignée de main entre Itzhak Rabin et Yasser Arafat. *Atroce et indélébile détail révélé par le rapport Starr :* c'est précisément à ce chef de l'Autorité palestinienne, personnage clef des accords d'Oslo signés voilà cinq ans, que cet incorrigible coureur de Bill faisait faire longuement antichambre pendant qu'il lutinait Monica dans le bureau Ovale... (*L'Express*, 2463, 17 / 9 /1998, p.42)

(18) の文タイトルも後続文に対する標題であるが，atroce, indélébile という形容詞によって書き手の主観が表されている．この表現は，特に先行文と後続文の結びつきには関わっていないように思われる．

なお，次のような例は，N=P の関係が必ずしも成り立っているとは言い難いため，ここでは「文タイトル」として扱わないことにする．

(19) Il est inimitable. Infalsifiable. Enfin, presque. Couleur (bleu pâle) et forme (un losange bombé aux angles arrondis) singulières. Ses excipients, c'est-à-dire tout ce qui n'est pas le principe actif proprement dit, sont différents selon les pays où il est fabriqué. Jusqu'à l'emballage, pourvu d'un hologramme semblable à celui que l'on trouve sur les cartes de crédit. *Coquetterie supplémentaire du laboratoire :* en manipulant la boîte, on verra apparaître successivement les mentions «Viagra» et «Pfizer»... (*L'Express*, 2467, 15/10/1998, p.43)

(20) Séduites par cette possibilité de s'offrir un prof à domicile, elles [=trois mères de famille] achètent : alors que le chiffre des ventes de CD-ROM, tous secteurs confondus, a augmenté de 71% en 1997, celui des éducatifs a fait un bond de 82%. *Phénomène propre à la France :* la part de l'éducatif dans le marché des CD-ROM y est relativement plus élevée qu'ailleurs — 16%, pour 13% en Allemagne et 10% en Grande-Bretagne. (*L'Express*, 2463, 17 /9 / 1998, p.22)

(19) においては，無冠詞名詞句は後続する文全体ではなく，文の一部に関して特

徴付けを行っており，(20) においては，無冠詞名詞句は前述の内容をまとめる働きをしており，後続する文は付加的な説明を加えていると解釈することができる．<∅ N + コンマ + 文> において，(3) がN=Pであり，(4) のような主語同格が後続する文の一部に関する記述であり，(5) の無冠詞名詞句が前述の内容を表すものであることを考慮すると，<∅ N + コンマ + 文> と <∅ N + コロン + 文> の間で分布が類似していることが窺える．

2. 先行研究

ここでは文同格あるいは文タイトルと無冠詞名詞句との関連が先行研究においてどのように扱われているかを述べる．

2. 1. GUILLAUME (1975)

GUILLAUME (1975) は無冠詞名詞が現れる要因として，不完全な移行 (transitions incomplètes) とキャンセルされた移行 (transitions annulées) という二つの区別を行っている．不完全な移行とは，潜勢的状態 (état de puissance) と現働的状態 (état d'effet) の間で名詞が捉えられることであり，論理的前後関係 (relation chrono-logique)[6] という概念で考えるならば，外延の世界に出る以前の内包の世界に名詞が属していることであると言えるであろう．一方，キャンセルされた移行とは，通常十分な間隔のある，潜勢的名詞と現働的名詞の間が無くなるか，あるいはそれに近い状態になることであり，初めから名詞が外延の世界に属していることであると言えるであろう．GUILLAUME によれば，同格として現れる無冠詞名詞は，不完全な移行によるものであり，無冠詞のタイトルや，本の中に見られる Préface, Introduction, Chapitre, Table des matières などの無冠詞名詞は，キャンセルされた移行によるものであると分析されている．

2. 2. MOIGNET (1981)

MOIGNET (1981) も GUILLAUME (1975) と同様に，無冠詞名詞を二つに分類して

---

6 論理的前後関係 (relation chrono-logique) については第5章および FURUKAWA (1986) 参照．

いる．その二つとは，一言で言えば，初めから冠詞を必要としないものと後から冠詞が無くなったものである．MOIGNET によれば，芸術作品のタイトルや，映画の最後に現れる Fin, 劇の幕の終わりを示す Rideau のような表現は，初めから冠詞を必要としないものに属し，とりわけ Fin, Rideau のように，文が一語に縮約されていると解釈されるものは，発話状況によって外延的に十分限定されているため冠詞を必要としないということである．一方，同格に関しては，名詞が形容詞化するという，脱範疇化 (décatégorisation)[7] が起こっており，後から冠詞が無くなったものであるとされている．

　本章の研究対象である，文同格，文タイトルと照らし合わせてみると，文同格は GUILLAUME (1975), MOIGNET (1981) の同格の説明に当てはまるものであるが，筆者の言葉で表せば，内包の世界に属した名詞ということになる．一方，文タイトルに関しては，GUILLAUME の言う，本の中の Préface, Introduction などの表現，MOIGNET の言う Fin, Rideau などの表現と同じように扱うことができるように思われる．すなわち，文タイトルは，文同格と異なり，外延的に何らかの影響を受けていると考えられるのである．

2. 3.　文同格に関する先行研究

　筆者の知る限り，先行研究においては，文タイトルに関してはほとんど記述が見られないが，文同格に関してはいくつか触れているものがある．ここでは，先行研究における文同格について観察する．
　GREVISSE (1986) は，同格という表現を支えが名詞，代名詞，あるいは動詞の不定形のように名詞的であるもののみに用いており，次の (21) は支えが文であると解釈されるため同格として認めていない．

(21)　Des vagues énormes accourent, *spectacle impressionnant*. (p.553)

　一方，HUOT (1978) は，名詞に結び付いている同格をタイプ I の同格，命題に結び付いている同格をタイプ II の同格として，二つのタイプの同格を認めている．次の (22), (23) がタイプ II の同格に属する．

---

[7] 脱範疇化 (décatégorisation, decategorialization) については，MOIGNET (1981) の他，HOPPER & TRAUGOTT (1993), 川口・阿部 (1996) 参照．

(22) Et là je vis, *spectacle étrange*, passer des spectres en plein jour. (GREVISSE, cité par HUOT, 1978, p.105)

(23) Il veut, *désir ridicule*, que le président lui envoie des excuses. (HUOT, 1978, p.105)

上の二例において，無冠詞名詞句が結び付いているのは，(22) では voir passer des spectres en plein jour, (23) では vouloir que le président lui envoie des excuses であると HUOT は主張している[8]．これらの例は文同格ではないが，名詞句ではなく命題内容と結び付いている無冠詞名詞句を同格として分析していることに意義があり，文同格に通ずる考え方である．

さらに，VAN DEN BUSSCHE (1988) は，

(24) *Vilain défaut,* ton fils se ronge les ongles. (p.117)

(25) *Chose curieuse,* Françoise déteste le vin. (p.118)

のように，無冠詞名詞句が文全体に付随する構造を同格として認めている．

FURUKAWA (1994) において示されている次のような例も文同格である．

(26) *Chose très curieuse,* les livres qu'on vend le plus sont les livres qu'on lit le moins. Ce sont les livres de fond qui font la bibliothèque, par respect humain, de tous les hommes qui ne lisent pas, les livres meublants. Exemples : Voltaire, Thiers, etc. (E. & J. GONCOURT, cité par FURUKAWA, 1994, p.33)

(27) *Chose étrange à dire,* il y a de la confiance dans l'hypocrisie. L'hypocrite se confine à on ne sait quoi d'indifférent dans l'inconnu, qui permet le mal. (V. HUGO, cité par FURUKAWA, 1994, p.33)

FURUKAWA は，(26) の chose très curieuse, (27) の chose étrange à dire が無冠詞なのは，これらの表現が非指示的表現であり，記述的あるいは叙述的に用いられているからであると説明している．さらに，chose...という表現はモダリティー表現として文法化されていると分析している．

---

8 HOUT (1978) によると，GREVISSE は次の
    (i) Et là je vis, *spectacle étrange*, passer des spectres en plein jour.
において，spectacle étrange という同格は passer des spectres en plein jour と結び付いているとしているが，次のような統辞的テスト
    (ii) a. ?Que des spectres passent en plein jour est un spectacle étrange.
        b. Voir passer des spectres en plein jour est un spectacle étrange.
から spectacle étrange は主節の動詞まで含んだ部分と結び付いていると HOUT は主張している．

第3章 文同格および文タイトルとして現れる無冠詞名詞句

また，NEVEU (1998) は，次の (28) の無冠詞名詞句について，文の外にあり，文あるいは命題全体にかかっている同格であると述べ，curieusement のように発話内容に関しての主観的な心的モダリティーを表す文副詞と類似した機能を持つとしている．

(28) *Chose singulière*, on s'éprit en même temps de cet avenir, liberté, et de ce passé, Napoléon, Victor Hugo, *Les Misérables*. (p.176)

以上の先行研究における観察から，文同格は発話者の発話内容に関する主観的判断を表す記述的表現であることが窺える．文同格自体は名詞句であるが，解釈上は文副詞に近く，名詞から副詞への脱範疇化が起こっていると考えられる．

3. 文同格と文タイトルの比較

3. 1. 指示性と記述性

ここでは，文同格と文タイトルにおける指示機能と記述機能について考察を行う．
まず，文同格，文タイトルとして現れる無冠詞名詞句がそれぞれ人称代名詞で受け直すことができるかどうかを見ると，

(29) *Chose curieuse*, Pierre déteste le vin. ?? Elle me chagrine.
(30) *Conclusion :* Pierre déteste le vin. ?? Elle me chagrine.

が示すように，どちらもそのままの形では，人称代名詞化は困難である．そこで，無冠詞名詞句のすぐ後に代名詞が現れるように文を変えてみると，文同格の場合次のようになる．

(31) a. ??*Chose curieuse*, et *elle* me chagrine, Pierre déteste le vin.
 b. *Chose curieuse*, et *ça* me chagrine, Pierre déteste le vin.

(31a) のような人称代名詞は依然として容認されない．このような場合，(31b) のように指示代名詞 ça を用いなければならない．ただし，この ça は chose curieuse を指示しているのではなく，後に現れている命題内容を指していると解釈される．すなわち，文同格は記述機能しか持たず，いかなる指示対象とも結びついていな

103

いと考えられる.

　一方,文タイトルは,résultat のように,前文脈によりあらかじめ設定された枠組みを前提としている語が多く見られる.この枠組みは,読み手が知りたいと思う内容を含んでいると解釈される.次のように,無冠詞名詞句を問いの形に変えることにより,それを明示することが可能である.

(32) a. Si le sauvetage est rapide, le pays le paie par une récession forte, mais brève, c'est ce qui est arrivé au Mexique en 1995. Le Japon a fait le choix inverse. Il a attendu plusieurs années pour nettoyer son système bancaire. *Résultat :* il vient de supporter neuf années de crise économique, et même une récession de 1,5% cette année, pour la première fois depuis la Seconde Guerre mondiale. [=(2)]
　　b. Si le sauvetage est rapide, le pays le paie par une récession forte, mais brève, c'est ce qui est arrivé au Mexique en 1995. Le Japon a fait le choix inverse. Il a attendu plusieurs années pour nettoyer son système bancaire. *Résultat ?* Il vient de supporter neuf années de crise économique, et même une récession de 1,5% cette année, pour la première fois depuis la Seconde Guerre mondiale.

実際,次のように疑問の形で現れている例も見られる.

(33) Il faut renoncer à l'idée que le lycée puisse rester un lieu privilégié de communication du savoir. [alinéa] *Conclusions? Elles* sont au nombre de deux. La première était déjà contenue dans mes prémisses. (*N.O.*, 1772, 22 /10 / 1998, p.27)

(33)においては,無冠詞名詞句の形で現れている問いが,後続する文では人称代名詞に置き換えられている.この無冠詞名詞句は,文タイトルと同じ環境に置くことが可能である.

(33′) *Conclusions : elles* sont au nombre de deux.

この例においては,文タイトルと同じ環境に現れている無冠詞名詞句が前文脈から何らかの限定を受け,何らかの指示対象と結び付いていると考えられる.したがって,文タイトルとして現れる無冠詞名詞句は,文同格とは異なり,指示機能を持ちうると言える.すなわち,文同格として現れる chose curieuse のような表

現が論理的に先行するある事実に関して後から下されている判断であるのに対し，文タイトルは，先行文脈により前提となる枠組みが与えられており，これが指示対象となりうるのである．

HUOT (1978) は，命題と結び付いている同格は，等位に置かれた複数の命題と結び付いている場合においても，次の (34) が示すように常に単数形であることを指摘している．

(34) a. Nous avons vu, *spectacle inattendu*, un président de la République visiter les prisons de Lyon et serrer la main de plusieurs détenus. (p.106)
   b. *Nous avons vu, *spectacles inattendus*, un président de la République visiter les prisons de Lyon et serrer la main de plusieurs détenus. (*ibid.*)

このことは文同格にも当てはまることであり，

(35) ??*Choses curieuses*, Françoise déteste le vin et Erika déteste la bière.
(36) ?*Choses curieuses*, Françoise déteste le vin et elle adore le sport.

が示すように，文同格も複数形にはなりにくい．一方，文タイトルに関しては，次の (37) が参考になるであろう．

(37) Pour cela, le laboratoire a sélectionné, il y a quatre ans environ, quelques médecins spécialisés et renommés. *Conditions pour mener des essais :* avoir déjà publié des travaux sur la question, être à même de trouver rapidement des volontaires et se plier strictement au protocole établi par Pfizer.

(*L'Express*, 2467, 15 /10 /1998, p.44)

(37) において，イタリックの無冠詞名詞句はコロンの後の命題の数に合わせて複数形で現れている．(37) ではコロンの後が不定詞になっているが，これを文に書き換えた場合でも，(37′) が示すように，コロンの前の無冠詞名詞句は複数形で現れることが可能である．

(37′) *Conditions pour mener des essais :* ils doivent avoir déjà publié des travaux sur la question, être à même de trouver rapidement des volontaires et se plier strictement au protocole établi par Pfizer.

したがって，文タイトルは命題の数に応じて複数形になるということである．これらの事実から，文同格に比べ，文タイトルは指示性が強く，外延的影響を受けやすいと言えるであろう．

次に，文同格と文タイトルの記述機能について考察を行う．VAN DEN BUSSCHE (1988) は，

(38) *Chose curieuse,* Françoise déteste le vin.

のような文同格に関して三つの統辞的な特徴を挙げている．まず，第一に，文同格は強調構文の焦点にはならない(39)．

(39) *C'est, *chose curieuse,* que Françoise déteste le vin. (p.118)

第二に，文の中心となる動詞を否定形にしても同格構文自体に影響はない(40)．

(40) *Chose curieuse,* Françoise ne déteste pas le vin. (p.119)

第三に，文同格に後続する文は疑問形にできない(41)．

(41) **Chose curieuse,* est-ce que Françoise déteste le vin? (*ibid.*)

以上のことから，VAN DEN BUSSCHE は，文同格は，文に統合されているわけではなく，文の発話タイプと特殊な関係にあるとし，さらに，次の

(42) *De toute évidence,* elle s'en est occupée. (*ibid.*)
(43) Pierre connaît l'allemand, *heureusement.* (*ibid.*)

のような文副詞的表現にも，同じ統辞的な特徴が見られることを指摘している(44-46)．

(44) *C'est, *de toute évidence,* qu'elle s'en est occupée. (*ibid.*)
(45) Pierre ne connaît pas l'allemand, *heureusement.* (*ibid.*)
(46) *Est-ce que Pierre connaît l'allemand, *heureusement*? (*ibid.*)

文同格と文副詞の類似は，以上のような統辞的な面だけではなく，意味的な面に

第3章 文同格および文タイトルとして現れる無冠詞名詞句

も見られる.すなわち,どちらも発話者の心的態度を表しているということである.文同格は,文副詞と同様に,記述性が高く,指示性はないと考えられる.
一方,文タイトルについては,次の例と比較することができるであろう.

(47) L'intéressant était le coup d'œil jeté sur les Crétois. Ces heureux îliens ignorent la graisse superflue. *Mieux :* ils sont dispensés de maladies des coronaires et, pour un oui pour un non, vivent jusqu'à 98 ans sans cancer. (*N.O.*, 1772, 22 /10 /1998, p.21)

(48) Le profit de Bouygues — à peine 100 millions de francs pour 45 milliards de francs de chiffre d'affaires au premier semestre 1998 — est maigre. *Pis :* il peut carrément être balayé si une nouvelle présentation des comptes devait s'imposer. (*N.O.*, 1772, 22 /10 /1998, p.16)

(47) の Mieux, (48) の Pis は,語彙的性質上,明らかに記述機能を備えている.しかし,文頭に現れ,コロンを伴うことによって,文タイトルと同じ働きをしている.すなわち,後続する文のいわばラベルとなり,一種の固有名詞のようなステイタスを獲得しているのである.同様に,

(49) Est-ce la fin du leadership militaire américain? Pas si vite. «Personne ne souhaite la rupture du lien transatlantique», souligne Alain Richard, qui poursuit : «Cessons, lorsqu'il s'agit d'Europe de la défense, de raisonner en terme de table rase car personne ne veut faire avec nous cet exercice consistant à repartir à zéro.» A l'heure où le génocide rôde encore dans les Balkans, le temps du pragmatisme est-il arrivé? *Certitude :* la crispation sur les principes est la pire manière de résoudre les crises. (*N.O.*, 1775, 12 /11 / 1998, p.33)

において,文タイトルとして現れている certitude も,語彙的性質上,記述機能を持つと解釈される.しかしながら,コロンの前に現れることにより,後続文に対する標題として機能しており,いわば即席の固有名詞となっている.ただし,文タイトルとして現れる名詞の多くは,résultat に代表されるように,あまり記述性は感じられない.したがって,一般に文タイトルは記述機能より指示機能の方が際立っていると考えられる.

このように,文同格は記述機能しか持たず,文タイトルは記述機能より指示機

能の方が強く現れていると考えられるが，さらに押し進めて考察を行う．

上で見たように，FURUKAWA (1994) は，

(50) *Chose très curieuse,* les livres qu'on vend le plus sont les livres qu'on lit le moins. Ce sont les livres de fond qui font la bibliothèque, par respect humain, de tous les hommes qui ne lisent pas, les livres meublants. Exemples : Voltaire, Thiers, etc. (p.33)

において，Chose が無冠詞であるのは，指示的ではなく記述的に機能しているからであると指摘しているが，次の

(51) *Chose remarquable et qui prouve que l'esprit humain n'est pas naturellement si farouche et révolté qu'on le croit communément,* c'est que les premiers essais de la liberté, ses plus hardies tentatives au moyen âge consistaient à s'immoler, à se perdre en Dieu. (J. MICHELET, cité par FURUKAWA, 1994, p.34)

が示しているように，Chose... は主題として ce によって受け直すことが可能であり，さらに，(51) は，

(52) *Ce qui est remarquable et qui prouve que l'esprit humain n'est pas naturellement si farouche et révolté qu'on le croit communément, c'est que...* (FURUKAWA, 1994, p.34)

のように，擬似分裂文によってパラフレーズできることをも指摘している．FURUKAWA によると，擬似分裂文の構造は (53) のように図式化される．

(53) [TH Ce qui (pr)], [PR c'est que (th)] (p.33)

すなわち，統辞的レベルにおいては，Ce qui... が主題 (TH) を成し c'est que... が述部 (PR) を成しているが，論理的・意味的レベルにおいては，Ce qui... の ... の部分が述部 (pr) を成し，c'est que... の ... の部分が主題 (th) を成しているということである．このことは，文同格にも当てはまると思われる．例えば，

(54) *Chose curieuse,* Françoise déteste le vin.

においては，発話の順序からは，Chose curieuse が主題をなし，後続文が述部をなしているように見えるが，論理的な順序としては，「フランソワーズはワインが嫌いである」という事実が先に存在し，「おかしなこと」というのは話者がその事実に対して後から下した判断であり，その事実がどのようなものであるかを記述しているに過ぎない．

一方，

(55) Si le sauvetage est rapide, le pays le paie par une récession forte, mais brève, c'est ce qui est arrivé au Mexique en 1995. Le Japon a fait le choix inverse. Il a attendu plusieurs années pour nettoyer son système bancaire. *Résultat :* il vient de supporter neuf années de crise économique, et même une récession de 1,5% cette année, pour la première fois depuis la Seconde Guerre mondiale.

のような文タイトルは，発話の順序どおりに論理が進行していると考えられる．すなわち，(55) の Résultat は，後続文に対する記述を行っているわけではなく，既に設けられた枠組みによって限定された，「その結果」という意味を表しているのであり，その内容は後続文によって後から補われているのである．

以上の観察から，文同格と文タイトルは，コピュラ文における記述文，同定文の区別と平行関係にあるように思われる．例えば，次の

(56) Jacques Chirac est *japonophile.*
(57) *Le président de la République* est Jacques Chirac.

において，(56) は既に同定されている値にある属性を付与しているのに対し，(57) はあらかじめ設定された役割に値が導入されていると解釈される．(56) のような文を記述文，(57) のような文を同定文と呼ぶ[9]が，文同格は (56) の記述文における属詞の japonophile，文タイトルは (57) の同定文における主語の Le président de la République と解釈上対応していると考えられる．すなわち，文同格は，発話の順序は逆になるが，既に確認された事実にある属性を付与するものであるのに対し，文タイトルは，前文脈により限定された役割であり，そこに後続文が値として導入されると解釈できるということである．

---

9 記述文，同定文について詳しくは坂原 (1990) 参照．

3. 2. 後置可能性

上で述べたように，文同格は，後続文が前提として存在し，それに対して価値を後付けしていると考えられる．したがって，必ずしも前置されるというわけではなく，次のように文の後に置くことも可能である．

(58) a. *Chose curieuse,* Françoise déteste le vin.
　　b. Françoise déteste le vin, *chose curieuse.*

このような変形は文副詞に置いても同様に可能である．

(59) a. *Heureusement,* Pierre connaît l'allemand.
　　b. Pierre connaît l'allemand, *heureusement.* (VAN DEN BUSSCHE, 1988, p.119)

一方，文タイトルに関しては，ほとんどの例においてこのような後置は容認されない．

(60) a. *Explication :* c'est à ces dates-là que doit se tenir la convention sur l'Europe du PC, qui s'annonce délicate, et le secrétaire national est ravi de pouvoir y échapper. [=(12)]
　　b. ??C'est à ces dates-là que doit se tenir la convention sur l'Europe du PC, qui s'annonce délicate, et le secrétaire national est ravi de pouvoir y échappe *: explication.*

(61) a. *Problème :* l'orque a passé la quasi-totalité de ces vingt ans en captivité, et les spécialistes doutent de sa capacité de réadaptation. [=(13)]
　　b. ??L'orque a passé la quasi-totalité de ces vingt ans en captivité, et les spécialistes doutent de sa capacité de réadaptation *: problè*me.

(62) a. *Autre exemple :* en 1957, un groupe néonazi ouest-allemand et inconnu revendique un attentat à la mairie de Strasbourg qui, s'il avait été mieux préparé, aurait tué des dizaines de personnes. [=(14)]
　　b. ??En 1957, un groupe néonazi ouest-allemand et inconnu revendique un attentat à la mairie de Strasbourg qui, s'il avait été mieux préparé, aurait tué des dizaines de personnes *: autre exemple.*

第3章　文同格および文タイトルとして現れる無冠詞名詞句

(63) a. *Seule certitude :* elle naît d'un court-circuit entre les nuages et la terre. [=(17)]
　　b. Elle naît d'un court-circuit entre les nuages et la terre *: seule certitude.*

　このように文タイトルが後置されにくいのは，標題という機能の点から見て不適格であると見なされるからであると考えられる．(63) の seule certitude は後置可能と判断されているが，これは，他の無冠詞名詞句に比べ記述性が高いうえに結びついている文が短いことが理由として挙げられるであろう．
　また，以下のような文タイトルも後置は困難であると判断されている．

(64) a. *Résultat :* il vient de supporter neuf années de crise économique, et même une récession de 1,5% cette année, pour la première fois depuis la Seconde Guerre mondiale. [=(2)]
　　b. ??Il vient de supporter neuf années de crise économique, et même une récession de 1,5% cette année, pour la première fois depuis la Seconde Guerre mondiale *: résultat.*
(65) a. *Conséquence :* elle met en veilleuse sa carrière de chanteuse de jazz. [=(9)]
　　b. ??Elle met en veilleuse sa carrière de chanteuse de jazz *: conséquence.*
(66) a. *Résumé :* la CGT doit se battre, mais pour aboutir, quand c'est possible, à des compromis, des accords. [=(10)]
　　b. ??La CGT doit se battre, mais pour aboutir, quand c'est possible, à des compromis, des accords *: résumé.*
(67) a. *Paradoxe :* c'est Dominique de Villepin, le secrétaire général de l'Elysée, proche de Juppé et croisé de l'anti-séguinisme, qui se charge d'accréditer l'hypothèse Séguin. [=(11)]
　　b. ??C'est Dominique de Villepin, le secrétaire général de l'Elysée, proche de Juppé et croisé de l'anti-séguinisme, qui se charge d'accréditer l'hypothèse Séguin *: paradoxe.*

　これらの文タイトルも標題という機能の点から後置が不適格であると説明できるが，それに加えて，résultat, conséquence, résumé, paradoxe のような語は，接続詞的に解釈されているということも後置が容認されないことと関係していると考えられる．

111

3. 3. 冠詞との共起

Huot (1978) は，命題と結び付いている同格が必ず無冠詞であることを指摘している (68).

(68) a. Nous avons vu, *spectacle inattendu,* un président de la République visiter les prisons de Lyon. (p.105)
   b. *Nous avons vu, *le spectacle inattendu,* un président de la République visiter les prisons de Lyon. (*ibid.*)
   c. *Nous avons vu, *un spectacle inattendu,* un président de la République visiter les prisons de Lyon. (*ibid.*)

同様に，次の (69) が示すように，文同格も冠詞と共起しない.

(69) a. *Chose curieuse,* Françoise déteste le vin.
   b. ??*La chose curieuse,* Françoise déteste le vin.
   c. ??*Une chose curieuse,* Françoise déteste le vin.

これは，文同格が純粋に記述機能を果たしているからであると考えられる．すなわち，文同格として現れる無冠詞名詞句は，完全な名詞句として機能しているわけでなく，むしろ文副詞的に働いているということである．
　一方，文タイトルに関しては，冠詞との共起が難しいと判断されるものが多いが，可能なものもいくつか見られる．次の résultat, conséquence が現れている例においては，定冠詞，不定冠詞のいずれも，完全には容認されない.

(70) a. *Résultat :* il vient de supporter neuf années de crise économique, et même une récession de 1,5% cette année, pour la première fois depuis la Seconde Guerre mondiale.
   b. ?*Le résultat :* il vient de supporter neuf années de crise économique, et même une récession de 1,5% cette année, pour la première fois depuis la Seconde Guerre mondiale.
   c. ??*Un résultat :* il vient de supporter neuf années de crise économique, et même une récession de 1,5% cette année, pour la première fois depuis la Seconde Guerre mondiale.

第3章　文同格および文タイトルとして現れる無冠詞名詞句

(71) a. *Conséquence* : elle met en veilleuse sa carrière de chanteuse de jazz.
　　b. ?*La conséquence* : elle met en veilleuse sa carrière de chanteuse de jazz.
　　c. ?*Une conséquence* : elle met en veilleuse sa carrière de chanteuse de jazz.

次の résumé, paradoxe が文タイトルとして用いられている例においては，定冠詞，不定冠詞との共起の容認度はさらに下がっている．

(72) a. *Résumé* : la CGT doit se battre, mais pour aboutir, quand c'est possible, à des compromis, des accords.
　　b. ??*Le résumé* : la CGT doit se battre, mais pour aboutir, quand c'est possible, à des compromis, des accords.
　　c. ??*Un résumé* : la CGT doit se battre, mais pour aboutir, quand c'est possible, à des compromis, des accords.

(73) a. *Paradoxe* : c'est Dominique de Villepin, le secétaire général de l'Elysée, proche de Juppé et croisé de l'anti-séguinisme, qui se charge d'accréditer l'hypothèse Séguin.
　　b. ??*Le paradoxe* : c'est Dominique de Villepin, le secétaire général de l'Elysée, proche de Juppé et croisé de l'anti-séguinisme, qui se charge d'accréditer l'hypothèse Séguin.
　　c. ??*Un paradoxe* : c'est Dominique de Villepin, le secétaire général de l'Elysée, proche de Juppé et croisé de l'anti-séguinisme, qui se charge d'accréditer l'hypothèse Séguin.

このような観察から，résultat, conséquence, résumé, paradoxe などの無冠詞名詞は，文タイトルという環境において，完全な名詞としてのステイタスを失う傾向にあると言える．すなわち，名詞から接続詞への脱範疇化の第一歩が始まっていると考えられるのである．

　しかしながら，次の例が示すように，explication, problème は，定冠詞とも不定冠詞とも共起する．

(74) a. *Explication* : c'est à ces dates-là que doit se tenir la convention sur l'Europe du PC, qui s'annonce délicate, et le secrétaire national est ravi de pouvoir y échapper.

113

    b. *L'explication :* c'est à ces dates-là que doit se tenir la convention sur l'Europe du PC, qui s'annonce délicate, et le secrétaire national est ravi de pouvoir y échapper.

    c. *Une explication :* c'est à ces dates-là que doit se tenir la convention sur l'Europe du PC, qui s'annonce délicate, et le secrétaire national est ravi de pouvoir y échapper.

(75) a. *Problème :* l'orque a passé la quasi-totalité de ces vingt ans en captivité, et les spécialistes doutent de sa capacité de réadaptation.

    b. *Le problème :* l'orque a passé la quasi-totalité de ces vingt ans en captivité, et les spécialistes doutent de sa capacité de réadaptation.

    c. *Un problème :* l'orque a passé la quasi-totalité de ces vingt ans en captivité, et les spécialistes doutent de sa capacité de réadaptation.

ここで用いられているexplication, problème は，résultat のような語とは異なり，語自体が談話の流れにおける位置付けを表してはいない．言い換えれば，語自体に先行文を引き継ぐという含意はない．したがって，Explication :, Problème : は，Résultat : のような文タイトルより，接続詞的性質が薄く，完全な名詞としてのふるまいが容認されるのであろう．

また，次の (76), (77) においては不定冠詞との共起のみ可能である．

(76) a. *Autre exemple :* en 1957, un groupe néonazi ouest-allemand et inconnu revendique un attentat à la mairie de Strasbourg qui, s'il avait été mieux préparé, aurait tué des dizaines de personnes.

    b. ??*L'autre exemple :* en 1957, un groupe néonazi ouest-allemand et inconnu revendique un attentat à la mairie de Strasbourg qui, s'il avait été mieux préparé, aurait tué des dizaines de personnes.

    c. *Un autre exemple :* en 1957, un groupe néonazi ouest-allemand et inconnu revendique un attentat à la mairie de Strasbourg qui, s'il avait été mieux préparé, aurait tué des dizaines de personnes.

(77) a. *Seule certitude :* elle naît d'un court-circuit entre les nuages et la terre.

    b. ?*La seule certitude :* elle naît d'un court-circuit entre les nuages et la terre.

    c. *Une seule certitude :* elle naît d'un court-circuit entre les nuages et la terre.

(76) の l'autre exemple は，例が明らかに二つしかない場合のみ可能であり，(77) の la seule certitude は，定冠詞が余計であると感じられるようである．これらの例は，それぞれ，「もう一つの例」，「たった一つ確かなこと」を表しており，共起が容認されている un(e) は不定冠詞というよりむしろ数詞であると言える．いずれにせよ，これらの例も，Explication :，Problème : と同様，名詞句としてのステイタスをとどめていると考えられる．

以上の観察から，文タイトルの接続詞的性質には，用いられている語に応じて違いがあることが明らかである．用いられている語が本来的に談話の流れにおける位置付けを含意している場合は名詞から脱範疇化している傾向が見られるが，そうでない場合は名詞的性格を強くとどめている．

3.4. コンマとコロンの入れ替え

ここでは，文同格のコンマをコロンに，文タイトルのコロンをコンマに代えることが可能であるかどうかを観察する．

まず，文同格に関しては，

(78) a. *Chose curieuse,* Françoise déteste le vin.
    b. *Chose curieuse :* Françoise déteste le vin.

が示すように，コンマをコロンに換えることが可能である．すなわち，文同格は文タイトルの形で呈示することも可能であるということである[10]．これは，言い換えれば，文タイトルとして提示するための制約は非常に緩いということになる．

一方，文タイトルに関しては，容認度は名詞句によって異なる．例えば，次の (79), (80) においては，コロンをコンマに代えることが可能であると判断されている．

(79) a. *Résultat :* il vient de supporter neuf années de crise économique, et même une récession de 1,5% cette année, pour la première fois depuis la Seconde Guerre mondiale.

---

10 ちなみに，(3) のように無冠詞名詞句が発話者の心的態度を表していない例においても，コンマをコロンに代えることが可能である．
  a. *Autre exemple,* fin 1997, la Belgique nous a contactés pour faire progresser un dossier portant sur une affaire de stupéfiants.
  b. *Autre exemple :* fin 1997, la Belgique nous a contactés pour faire progresser un dossier portant sur une affaire de stupéfiants.

b. *Résultat,* il vient de supporter neuf années de crise économique, et même une récession de 1,5% cette année, pour la première fois depuis la Seconde Guerre mondiale.

(80) a. *Paradoxe* : c'est Dominique de Villepin, le secrétaire général de l'Elysée, proche de Juppé et croisé de l'anti-séguinisme, qui se charge d'accréditer l'hypothèse Séguin.

b. *Paradoxe,* c'est Dominique de Villepin, le secrétaire général de l'Elysée, proche de Juppé et croisé de l'anti-séguinisme, qui se charge d'accréditer l'hypothèse Séguin.

また，(81), (82) においては，コロンからコンマへの書き換えが完全に不可能ではないと判断されている．

(81) a. *Conséquence* : elle met en veilleuse sa carrière de chanteuse de jazz.

b. ?*Conséquence,* elle met en veilleuse sa carrière de chanteuse de jazz.

(82) a. *Résumé* : la CGT doit se battre, mais pour aboutir, quand c'est possible, à des compromis, des accords.

b. ?*Résumé,* la CGT doit se battre, mais pour aboutir, quand c'est possible, à des compromis, des accords.

(79-82) の文タイトルに現れている語，すなわち résultat, conséquence, résumé, paradoxe は，冠詞との共起が困難な例と一致しており，ここにおいても，名詞からの脱範疇化の傾向が観察されている．

逆に，explication と problème はコロンからコンマへの書き換えが困難であると判断される．

(83) a. *Explication* : c'est à ces dates-là que doit se tenir la convention sur l'Europe du PC, qui s'annonce délicate, et le secrétaire national est ravi de pouvoir y échapper.

b. ??*Explication,* c'est à ces dates-là que doit se tenir la convention sur l'Europe du PC, qui s'annonce délicate, et le secrétaire national est ravi de pouvoir y échapper.

(84) a. *Problème* : l'orque a passé la quasi-totalité de ces vingt ans en captivité, et les

spécialistes doutent de sa capacité de réadaptation.

 b. ??*Problème,* l'orque a passé la quasi-totalité de ces vingt ans en captivité, et les spécialistes doutent de sa capacité de réadaptation.

冠詞との共起のテストと同様，explication と problème はここでも名詞的ステイタスを示している．

 しかしながら，次の二例は，冠詞との共起において名詞的性質を示していたにもかかわらず，コロンをコンマに代えることが可能である．

(85) a. *Autre exemple :* en 1957, un groupe néonazi ouest-allemand et inconnu revendique un attentat à la mairie de Strasbourg qui, s'il avait été mieux préparé, aurait tué des dizaines de personnes.

 b. *Autre exemple,* en 1957, un groupe néonazi ouest-allemand et inconnu revendique un attentat à la mairie de Strasbourg qui, s'il avait été mieux préparé, aurait tué des dizaines de personnes.

(86) a. *Seule certitude :* elle naît d'un court-circuit entre les nuages et la terre.

 b. *Seule certitude,* elle naît d'un court-circuit entre les nuages et la terre.

これらの例については，接続詞的方向への脱範疇化とは別の操作が働いていると考えられる．

3.5. 脱範疇化

 既に述べたように，文同格は，文副詞と同じ働きを持っており，FURUKAWA (1994) は chose... という表現はモダリティー表現として文法化されていると分析している．この場合，無冠詞名詞句が副詞的方向に脱範疇化していると言える．

 一方，文タイトルは多くの場合接続詞的方向に脱範疇化していると考えられ，とりわけ résultat, conséquence, résumé, paradoxe などの名詞は，冠詞との共起が困難なこと，コロンからコンマへの書き換えの容認度が高いことなどから，脱範疇化がかなりの程度まで進んでいるように思われる．実際，résultat と conséquence に関しては，以下のようにコンマを伴って接続詞的に用いられている例が観察される．

(87) «Les profs trichent. Pour faire chic, ils lâchent les élèves sans explication ni préparation dans des textes difficiles, "Gargantua", par exemple... *Résultat*, c'est moi qui potasse le "Lagarde et Michard", jugé ringard au lycée, pour que ma fille et ses copines réussissent leurs brillantes dissertations», proteste une autre mère, pourtant également professeur dans un (autre) lycée parisien. (*L'Express*, 2166, 15 / 01 /1993, CD-ROM)

(88) DJ Krush fait du hip hop, mais sans avoir l'air d'y toucher, des fois qu'on le confondrait avec un Noir (les Japs sont très racistes). Ça donne de l'"abstract hip hop", du "technip hop", du "dub hop"..., où le DJ déconstruit les shémas traditionnels du genre. *Résultat,* son dernier album, *Kasukei*, se passe totalement du "parasitage vocal du rap", selon les propres termes de son dossier de presse. Voilà ce qui arrive, quand on a trop jammé avec MC Solaar! (*20 ans*, 157, oct. 1999, p.9)

(89) Quel est le caractère propre de ce monde-là? C'est l'exclusion du surnaturel, c'est le surnaturel exclu du christianisme, c'est-à-dire l'idée la plus illogique et la plus déraisonnable qui ait jamais pu entrer dans la tête humaine. *Conséquence,* le mépris du sacerdoce, l'avilissement de la fonction sacerdotale en dehors de quoi le surnaturel ne peut être manifeste. (L. BLOY, *Journal t.1 1899-1900*, Discotext) [11]

これらの無冠詞名詞は，コロンの前に置かれた場合と比べ，名詞的性質がかなり失われていると考えられる．例えば，(87) の Résultat, は，Alors, や Aussi, に置き換えても解釈上大きな違いはなく，また，冠詞との共起については容認不可となる (90a, b)．

(90) a. ??*Le résultat,* c'est moi qui potasse le "Lagarde et Michard", jugé ringard au lycée, pour que ma fille et ses copines réussissent leurs brillantes dissertations.
   b. ??*Un résultat,* c'est moi qui potasse le "Lagarde et Michard", jugé ringard au lycée, pour que ma fille et ses copines réussissent leurs brillantes dissertations.

とりわけ，定冠詞については，コロンの前の résultat より確実に容認度が落ちており，コンマを伴った場合の方が脱範疇化が進んでいると言える．

---

11 この例においては，後続するものが文ではなく名詞句で現れているが，これは Conséquence, の接続詞的解釈に何ら影響を与えるものではない．

第3章　文同格および文タイトルとして現れる無冠詞名詞句

このように，Résultat, は，脱範疇化という点でChose curieuse, のような文同格と共通し，形の上でも同じになっているが，その方向性は大きく異なっており，それを示すのが，次のような後置可能性のテストである．文同格は，文副詞と同様に，文の後ろに置くことが可能であるが，(87) のrésultat は不可能である．

(91) a. Françoise déteste le vin, *chose curieuse.*
　　b. ??C'est moi qui potasse le "Lagarde et Michard", jugé ringard au lycée, pour que ma fille et ses copines réussissent leurs brillantes dissertations, *résultat.*

これは，Chose curieuse, という文同格が副詞的方向へ移行しているのに対し，Résultat, が接続詞的方向へ移行しているからである．接続詞的であるならば，文末に現れるのが不自然であることは当然のことと言えよう．

　また，Autre exemple : やSeule certitude : のような文タイトルは，コロンからコンマへの書き換えが可能であることを上で見たが，autre exemple については実際にコンマと共に現れている例が見られる．

(92) *Autre exemple,* fin 1997, la Belgique nous a contactés pour faire progresser un dossier portant sur une affaire de stupéfiants. [=(3)]

(92) は不定冠詞との共起が可能である．

(93) *Un autre exemple,* fin 1997, la Belgique nous a contactés pour faire progresser un dossier portant sur une affaire de stupéfiants.

また，Seule certitude : をSeule certitude, に書き換えた例についても同じことが観察される．

(94) *Une seule certitude,* elle naît d'un court-circuit entre les nuages et la terre.

このようなことから，autre exemple やseule certitude のような表現は，接続詞的方向に脱範疇化しているわけではなく，後続文に対して同格に置かれた名詞句として働いていると考えられる．しかしながら，chose curieuse のような文同格とは異なり，文副詞的な働きは持たず，純粋な同格としての役目を果たしていると言える．

119

以上のように，文同格が副詞的方向に脱範疇化しているのに対し，文タイトルは，接続詞的方向に脱範疇化しているものを多く含んでいると考えられる．無論，文タイトルは完全に接続詞化しているというわけではなく，名詞が接続詞化する過程の途中の段階にあると考えられる．この過程は次のように図式化できるであろう．

(95) Le résultat est que → Résultat : →Résultat,

(95) において，一番左の Le résultat est que における résultat は，統辞的に名詞として機能しており，完全に名詞としてのステイタスを持っている．中央の Résultat : では，文から切り離されることによって，名詞としての統辞的な制約から解放され無冠詞名詞となっている．この段階では名詞と接続詞の機能を兼ね備えていると考えられる．これが一番右の Résultat, になると，名詞的性質を大幅に失い，接続詞と同様の働きをするようになる．Résultat がこのように接続詞化するのには，この名詞が持つ性質が大きくかかわっていると考えられる．すなわち，résultat という語自体が先行文脈との密接な結び付きを含意しているのであり，この résultat に対して後続文が同格的に示されることによって，前後の文脈が関係付けられ，接続詞的な働きが可能になるのである．

さらにこのような脱範疇化が進むと，句読点を全く伴わずに現れることが可能になると予測される．それは，次の témoin が示しているとおりである[12]．

(96) Soudain, au beau milieu de la discussion, Balladur interrompt ses hôtes : «Au fait, que pensez-vous d'Arte?» La question fait mouche. *Témoin* les propos directs qui, aussitôt, fusent : «hermétique», «élitiste», «gouffre financier» pour les uns ; «incontournable», «novatrice», «formidablement originale» pour les autres, la chaîne culturelle, à l'évidence, cristallise les passions. (*L'Express*, 2214, 09 /12 /1993, CD-ROM)

(97) Elles donnent donc à ce coup de jeune fin de siècle sa tonalité consumériste : des locaux, des profs, des programmes et des horaires cohérents pour étudier correctement et réussir les examens. Quoi de plus légitime? Au point que certains vieux routiers des éruptions de l'Education nationale en sont déconcertés. [alinéa] *Témoin* cette scène de matin de manif, à Paris. Au lycée Jean-Lurçat,

---

12 これらの Témoin の例においては，Conséquence, の例と同様に，後続するものが文ではなく名詞句で現れているが，出来事的内容を表しており，接続詞的解釈に何ら影響を与えるものではない．

dans le 13ᵉ arrondissement, Jérémie, élève de terminale ES, est dépité. Impossible de mobiliser les élèves. (*N.O.*, 1772, 22 / 10 /1998, p.41)

(98) Si la dégradation des rapports entre Patrick Poivre d'Arvor et Claire Chazal fait les gorges chaudes du Tout-Paris, elle commence à sérieusement échauffer les oreilles des responsables de TF1. *Témoin* ce dernier incident : s'exprimant à l'antenne de RTL, le 7 octobre, PPDA a tenu à nuancer, ce jour-là, les résultat d'audience des journaux du week-end précédent, présentés par sa consœur. (*L'Express*, 2467, 15 /10 / 1998, p.11)

このような témoin は，名詞から接続詞への文法化が確立しつつあると言えるであろう．

4. 結語

本章では，文同格と文タイトルをさまざまな角度から比較し考察を行った．最後にそれぞれの特徴をまとめることにする．

文同格は，基本的には命題に対する発話者の心的態度を表すものである．文同格として現れる名詞句は，指示機能を持たず，純粋に記述的に機能している．この記述機能により，後続文に属性を付与し，コピュラ文の属詞と同様の働きをしている．文同格は前文脈とのつながりを必要とせず，存在前提を持たない．また，統辞的にも意味的にも文副詞に近く，副詞的方向に脱範疇化した名詞句である．

一方，文タイトルは視覚的にテーマを顕示化したものであり，書き言葉に属する特徴であると言える．文タイトルは，前文脈から与えられた枠組みによって限定され，存在前提を持つ．文タイトルの内容は，後続文によって同定される．文タイトルとして現れる無冠詞名詞句は，話者，あるいは筆者によるラベリングによってタイトル化され，いわば即席の固有名詞として機能している．しかしながら，その一方で，接続詞的に解釈されるものが多く存在し，いくつかの点において名詞からの脱範疇化の傾向が見られる．このような文タイトルは，名詞から接続詞へ移行する途中の段階に置かれているものであると考えられる．

第4章

独立無冠詞名詞句

第4章　独立無冠詞名詞句

本章では，次の例 (1), (2) に見られるような無冠詞名詞句について考察を行う．

(1) A cet égard, le cas de Lorenzo Lotto est exemplaire. Voici un peintre que ses contemporains ont jugé d'un œil condescendant, à l'image de l'Arétin affirmant en substance : Lotto, ce n'est pas mal, mais Titien c'est mieux! *Erreur monumentale.* L'Arétin aurait dû déclarer : Lotto, c'est différent, tout simplement. (*N.O.*, 1775, 12 / 11 /1998, p.62)

(2) Et souvent ces secrets connus, ces mystères publiés, ces énigmes éclairées du grand jour, entraînent des catastrophes, des duels, des faillites, des familles ruinées, des existences brisées, à la grande joie de ceux qui ont "tout découvert" sans intérêt et par pur instinct. *Chose triste.* (V. HUGO, *Les Misérables*, Discotext)

(1), (2) におけるイタリック体の無冠詞名詞句は，それ自体で一つの独立した文をなしているものとして談話の中に組み込まれている．したがって，このような無冠詞名詞句を「独立無冠詞名詞句」と呼ぶことにする．これらの二つの独立無冠詞名詞句を完全な文の形でパラフレーズすると，次のようになると考えられる．

(1´) C'est une erreur monumentale.
(2´) Voilà une chose triste.

いずれの場合も une という冠詞を含んだパラフレーズとなり，これら (1´), (2´) から省略によって直接的に (1), (2) における独立無冠詞名詞句が現れたとは考えにくい．では，独立無冠詞名詞句とは一体どのような性質のものであろうか．

　(1), (2) における独立無冠詞名詞句は，形の上では独立しているが，解釈上は自立性がなく，先行文脈に依存している．先行文脈と独立無冠詞名詞句は，統辞的にではなく，意味的，語用論的に結びついている．独立無冠詞名詞句は，記述機能が前面に現れている表現であると考えられるが，その一方で，先行文脈に対していわば「ラベリング」を行っているように思われる．本章では，独立無冠詞名詞句は，一種の「ラベル」であり，本や絵のタイトルに類似した性質を持つものであるという立場から論じていく．

1. 先行研究

ここでは独立無冠詞名詞句やそれに関連すると考えられるタイトルやラベルな

どを扱っている先行研究を観察することにする．

1. 1. 文法書における記述

まず文法書における記述をみると，GREVISSE (1986) は，普通名詞における冠詞の欠如の一つとして無動詞文 (phrases averbales) を挙げている．無動詞文は，掲示 (*Maison à vendre*)，作品のタイトル (*Précis d'arithmétique*)，住所 (*Monsieur Dupont, 20, rue du Commerce*) などとして機能する．一方，RIEGEL, PELLAT & RIOUL (1994) は，特定の統辞的位置において冠詞を持たない名詞句として，ラベリング (étiquetages) という項目を設けている．ラベリングの例としては，ラベル(*Beurre fermier*)，看板 (*Boucherie*)，タイトル (*Grammaire méthodique du français*)，新聞の欄の標題 (*Politique étrangère*)，警告の標識 (*Entrée interdite*) などの一語文 (mots-phrases) が挙げられている．RIEGEL, PELLAT & RIOUL は，Attention! や Familles nombreuses, familles heureuses... などの名詞文 (phrase nominale) も同様に扱っている．名詞文には，一句名詞文 (phrases nominales constituées d'un seul terme : *Mes bijoux!*) と二句名詞文 (phrases nominales comportant deux termes : *Chauds, les marrons!*) があり[1]，一句名詞文は自立性がなく，聞き手は文脈や発話状況を頼りに，その語句が項 (argument) であるか述部 (prédicat) であるかを理解しなければならない．一句名詞文はテーマ (thème) かレーマ (propos) のどちらかが欠如しており，多くの場合，発話状況や先行文脈によってテーマが与えられる．RIEGEL, PELLAT & RIOUL は書き言葉に見られる次のような表現も一句名詞文であると指摘している．

(3) *Querelles parmi mes domestiques.* Ils prétendent qu'on casse les verres, la nuit, dans les armoires. (MAUPASSANT, cité par RIEGEL, PELLAT & RIOUL, 1994, p.458)

このことから，独立無冠詞名詞句は一句名詞文の一種であると推測される．また，RIEGEL, PELLAT & RIOUL は，本，記事，映画などのタイトルは名詞文の特殊な例であり，これらは作品を同定するラベルとして機能しているという注を加えている．

1. 2. 本のタイトル

次に，本のタイトルと冠詞の関連性について述べている研究について触れる．

---

[1] *Mes bijoux!* や *Chauds, les marrons!* などの例から明らかであるように，名詞文は必ずしも無冠詞ではないため，RIEGEL, PELLAT & RIOUL (1994) における名詞文についての詳細は，冠詞の欠如の項目ではなく，非典型的な文の項目において記述されている．

まず，GUILLAUME (1975) は，タイトルを形式的タイトル (titres formels) と内容的タイトル (titres matériels) の二つに分類している．形式的タイトルとは，外観によって対象を示すものであり，無冠詞[2]となる[3]．例えば，grammaire, dictionnaire, manuel, traité, précis, recueil, histoire などがこれに相当し，これらは全て qu'est-ce que ceci? という質問の答えとなりうる．さらに，本の中に現れる，Préface, Introduction, Chapitre, Table des Matières なども形式的タイトルの例として挙げられている．これらの例に見られる無冠詞のメカニズムについて，GUILLAUME は，ラベルの場合を取り上げて次のように説明している．

> 「«œufs»（「卵」）という立て札が卵に掲げられている場合，私の思考は，概念に集中すること (contemplation d'idée) によってではなく，事物に集中すること (contemplation de chose) によって表象を具現化するであろう．言い換えれば, 潜勢的名詞 (nom en puissance) から現働的名詞 (nom en effet) への移行を操作することを免れている．(このような移行は，概念に集中することによる表象の具現化以外の何ものでもない．) したがって，ゼロ[＝無冠詞]という処置が施されるのである．」[4]

一方，内容的タイトルとは，内容によって対象を示すものであり，この場合は冠詞を伴う[5]．例えば，fable という語は形式的タイトルとなるが，寓話のテーマである le lion et le rat は内容的タイトルを形成することとなる．MOIGNET (1981) も GUILLAUME と同様の分類を行っている．MOIGNET は，本のタイトルとして Grammaire française と付けた場合，このタイトルは本そのものを定義している，すなわちこの場合 grammaire は「文法書」という意味になるが，La grammaire française と付けた場合，本のテーマを表している，すなわちこの場合 grammaire は「文法」という意味になるという違いがあることを指摘している．GUILLAUME

---

2 GUILLAUME (1975), MOIGNET (1981) は，ゼロ冠詞 (article zéro) の存在を認めているが，筆者はその立場をとらないため，「無冠詞」という表現を用いる．
3 «Les *titres formels* qui désignent l'objet par son enveloppe extérieure (sa forme) sont introduits par zéro.» (GUILLAUME, 1975, p.293)
4 «Un écriteau «*œufs*» étant posé sur des œufs, mon esprit *réalisera l'image* par contemplation de chose, et non par contemplation d'idée. Autrement dit, il se dispensera d'opérer la transition du nom en puissance au nom en effet (qui n'est rien d'autre que la réalisation d'image par contemplation d'idée) ; d'où, comme traitement, zéro.» (GUILLAUME, 1975, p.293)
5 «Les *titres matériels* qui, au contraire, désignent l'objet par son contenu intérieur (sa matière) se font précéder de l'article.» (GUILLAUME, 1975, p.293)

と MOIGNET の説明を要約すると，本のジャンルであろうと本のテーマであろうと本のタイトルになることができるが，ジャンルを表す場合は無冠詞，テーマを表す場合は冠詞付きということになる．

一方，CURAT (1999) は，GUILLAUME や MOIGNET と異なり，本のタイトルを三つに分類している．一つめは，分類子 (classificateur) として種類のラベル (étiquette de nature) が用いられる場合 (4) で，二つめは，中身のラベル (étiquette de contenu) が用いられている場合 (5) である．

(4) «Annuaire téléphonique de la ville de Québec» (Bell Canada) (p.200)
(5) «Législation électorale fédérale» (Chief Electoral Officer of Canada) (*ibid.*)

三つめとして，扱われているテーマがタイトルになる場合が挙げられている (6)．

(6) La législation électorale fédérale (*ibid.*)

最初の二つのケースが無冠詞であるのに対し，このケースでは冠詞が用いられる．(5) と (6) の違いは，(5) が選挙法を編纂した本であるのに対し，(6) はむしろ選挙法に関する解説，基本理論，歴史などについて書かれた本であり，à propos de を最初に付けることができる．CURAT が本のタイトルに関して言っている「種類のラベル」は GUILLAUME の言う「形式的タイトル」と同じであると考えられるが，「中身のラベル」は「内容的タイトル」と同じではない．というのは，中身のラベルは無冠詞であるのに対し，内容的タイトルは冠詞を伴うからである．GUILLAUME が内容的タイトルとして想定しているのは (6) のような例であり，(5) のような中身のラベルについては特に考慮していないようである．また，CURAT は，種類のラベルの例として，薬の箱に書かれた «Quinine»，ジャムの瓶のラベルに書かれた «Confiture de Fraises» などと同様に，次の例を挙げている．

(7) Dans le sixième arrondissement, la rue Férou, venelle tranquille reliant le jardin du Luxembourg à l'église Saint-Sulpice, semblait intouchable. *Erreur.* Ce charme vieillot, provincial, qui a longtemps caractérisé ce quartier, risque d'être rompu. (*Le Monde*, 2348, p.11, cité par CURAT, 1999, p.197)

(7) はまさに筆者の言う独立無冠詞名詞句の例であり，CURAT は独立無冠詞名詞句がラベルの一種であることを示していることになる．

1.3. 絵のタイトル

　先行研究として最後に絵のタイトルについての研究である BOSREDON (1997)[6] を取り上げる．BOSREDON における重要な指摘は，絵のタイトルが，説明文機能 (fonction de légende) と命名機能 (fonction appellative) という二つの機能を持っているということである．一言で言えば，説明文機能とは，絵を解説し，その題材を同定する機能のことであり，命名機能とは，絵そのものの名称として働く機能のことである．説明文機能は意味論レベルに属するが，命名機能は語用論レベルに属する．命名機能によって絵とそのタイトルの間に一対一の対応関係が生じ，隣接性 (contiguïté) によって二つは結びつけられる．命名機能は固有名詞的な特徴であり，BOSREDON は絵のタイトルが固有名詞的であると指摘している．

　命名機能と説明文機能という概念は，独立無冠詞名詞句にも当てはまるように思われる．例えば，(1), (2) における独立無冠詞名詞句は，先行文脈に対する命名機能と同時に，(1′), (2′) によってパラフレーズされるような説明文機能を持っていると見なすことができる．以上のような観察を踏まえると，独立無冠詞名詞句は，談話の中に挿入されてはいるが，ラベルの一特殊例として扱うのが妥当であると考えられる[7]．しかしながら，あえて絵のタイトルと通常の談話の中に現れる名詞句を比較するならば，大まかに言って，説明文機能は記述機能に，命名機能は指示機能に対応するように思われる．したがって，名詞句全体を統一的に捉えるならば，説明文機能，命名機能をそれぞれ記述機能，指示機能に含めることができるであろう．この場合，指示機能とは，何らかの対象に記述内容が結びつく機能と解釈すればよいであろう[8]．次節では，独立無冠詞名詞句の具体例を取り上げる．

2. パラフレーズによる独立無冠詞名詞句の分布

　ここでは，フランスの報道雑誌[9] と Discotext から収集した独立無冠詞名詞句の

6　BOSREDON (1997) については，青木(1998) を参照されたい．なお，「説明文機能」，「命名機能」などの訳語は青木(1998) による．

7　川島 (2000) は，筆者が「独立無冠詞名詞句」と名付けているものを「無限定辞名詞文」と呼ばれるものの中に含めているが，この「無限定辞名詞文」の中にラベル的用法が見られるものがあることを指摘している．

8　BOSREDON (1997) はタイトルに対して絵を「指示対象」(référent)と呼んでいるため，タイトルが絵に対して「指示機能」を持っていると言っても，決して不都合は生じないはずである．また，BOSREDON に倣って，筆者も，独立無冠詞名詞句に対してその元となっているものを「指示対象」と呼ぶことにする．

9　*L'Express*, 2463, 17/9/1998, *L'Express*, 2467, 15 /10 / 1998, *Nouvel Observateur*, 1772, 22 / 10 / 1998, *Nouvel Observateur*, 1775, 12 / 11 / 1998

例をもとに考察を行う[10]．独立無冠詞名詞句の収集例を文の形でパラフレーズしたところ，次の表のような結果が得られた．

C'est Dét. N	29
Voilà Dét. N	5
C'est Dét. N または Voilà Dét. N	10
Il y a Dét. N	5
Dét. N est Attr.	19
C'est Dét. N または Dét. N est Attr.	12
Voilà Dét. N または Dét. N est Attr.	1
C'est Dét. N または Voilà Dét. N または Dét. N est Attr.	1
その他	16
合計	98

この表によると，多くの例がC'est Dét. N, Voilà Dét. N, Il y a Dét. N, Dét. N est Attr. のいずれかによってパラフレーズすることが可能である．複数のパラフレーズが可能なものも多いが，C'est Dét. Nによるパラフレーズが可能なものは98例中52例と最も多く，独立無冠詞名詞句の典型的なパラフレーズの形であると考えられる．これらのパラフレーズについて，独立無冠詞名詞句がどのような性質を持っているか順に見ていくことにする．

2. 1. C'est Dét. N

無冠詞名詞句がC'est Dét. Nによってパラフレーズされる例は，VAN DEN BUSSCHE (1988) が文同格に関して指摘している (8a, b)．

(8) a. Il n'ouvre pas la boîte, *précaution intelligente.* (p.120)
　　b. Il n'ouvre pas la boîte. *C'est une précaution intelligente. (ibid.)*

(8a) における文末の無冠詞名詞句が文同格であり，VAN DEN BUSSCHEによると，文同格は，文の外で，文に関する注記あるいは二次的観察として働き，発話内容

---

10 Discotextからの収集例は，N+Adj.の形をした独立無冠詞名詞句に限定した．

に関する発話者の意見や判断を表すということである．文同格は文頭や文中にも現れるが，文末に現れている (8a) の例に関して，VAN DEN BUSSCHE は，(8b) のようなパラフレーズが可能であることを示し，このことから，文同格として現れている名詞句は，一つの述部に縮約された命題であると説明している．

しかし，文頭に現れる文同格に関しては，C'est Dét. N によるパラフレーズを独立した文として提示することはやや不自然である (9)．

(9) a. *Chose curieuse*, Françoise déteste le vin. (VAN DEN BUSSCHE, 1988, p.118)

b. ?*C'est une chose curieuse.* Françoise déteste le vin.

c. *C'est une chose curieuse, mais* Françoise déteste le vin.

d. Françoise déteste le vin. *C'est une chose curieuse.*

(9a) における文同格は，(9b) のように C'est Dét. N によるパラフレーズをピリオドで区切るのは不自然であり，(9c) のようにコンマで続けるか，(9d) のように順序を入れ替えなければならない．したがって，C'est Dét. N によるパラフレーズが独立できるためには，対象となる記述が先行していなければならないということになる．

C'est Dét. N によるパラフレーズは，多くの独立無冠詞名詞句に対しても有効である．この場合，独立無冠詞名詞句の指示対象はやはり先行文脈に現れている (10-12)．

(10) a. De la compagne angevine, où elle a écrit ce plaidoyer pour les animaux dédié à un frère qui vit sans mot dire dans un monde inaccessible, montent des odeurs mélancoliques. *Odeurs de la paille fraîche dans l'étable, de l'herbe arasée, du lait tiède que le veau boit dans un seau, de cette ferme normande où, pendant la guerre, elle a passé son enfance, entre Louviers et Elbeuf.* (*N.O.*, 1772, 22 /10 /1998, p.62)

b. De la compagne angevine, où elle a écrit ce plaidoyer pour les animaux dédié à un frère qui vit sans mot dire dans un monde inaccessible, montent des odeurs mélancoliques. *Ce sont des odeurs de la paille fraîche dans l'étable, de l'herbe arasée, du lait tiède que le veau boit dans un seau, de cette ferme normande où, pendant la guerre, elle a passé son enfance, entre Louviers et Elbeuf.*

(11) a. Une seule chose le consolait au milieu de ses angoisses ; la cotte de mailles de François 1er lui allait comme un gant. Il se trouvait si à l'aise, il se plaisait tellement dans cette armure royale, qu'il la portait en guise de vareuse dans son cabinet. *Consolation impuissante.* (J. SANDEAU, *Sacs et parchemins*, Discotext)

b. Une seule chose le consolait au milieu de ses angoisses ; la cotte de mailles de François 1er lui allait comme un gant. Il se trouvait si à l'aise, il se plaisait tellement dans cette armure royale, qu'il la portait en guise de vareuse dans son cabinet. *C'était une consolation impuissante.*

(12) a. Au bord des routes, une foule inattendue de femmes conservatrices et populo déplie ses banderoles de soutien : *«You go, girl!»* (Vas-y, ma fille!). *Etonnant revirement.* Cinq ans plus tôt, en 1993, au faîte de son influence, chargée du projet gigantesque de réforme de l'assurance-santé américaine, Hillary la battante était la bête noire de la révolution conservatrice américaine : les comités républicains imprimaient alors sur des tee-shirts «Je hais le président et surtout son mari». (*L'Express*, 2463, 17/09/1998, p.46)

b. Au bord des routes, une foule inattendue de femmes conservatrices et populo déplie ses banderoles de soutien : *«You go, girl!»* (Vas-y, ma fille!). *C'est un étonnant revirement.* [...]

　(10a) においては，独立無冠詞名詞句の指示対象は des odeurs mélancoliques という名詞句の形で直前に現れている．この場合，独立無冠詞名詞句は名詞同格と同じ解釈を持ち，先行する名詞句に補足的な説明を加えている．しかし，表記上明示的に先行文脈から切り離され独立することによって，ラベル的な働きを獲得していると考えられる．一方，(11a), (12a) においては，独立無冠詞名詞句の指示対象は直前の文であると解釈できる．これらの独立無冠詞名詞句は文同格と同様に発話者の主観的評価を表している．ただし，ここにおいても，一種のラベルとして，前文から切り離され，前文とは別の次元での記述として提示されている．

　(10a), (11a), (12a) における独立無冠詞名詞句の指示対象は，名詞句あるいは文という境界線の明確なものとして現れているが，C'est Dét. N によってパラフレーズされる無冠詞名詞句の中には，指示対象がより漠然としたものであると捉えられるものもある (13a).

第4章　独立無冠詞名詞句

(13) a. A Baïgora et dans toute la Russie des princes, on vit au bord de l'abîme, sans vertige. Le barrage rompra sans prévenir et une déferlante de morts et d'exils emportera la dynastie Belgorodsky. Baïgora restera dans l'histoire de la révolution la première brèche de l'empire éclaté. *Sinistre craquement des âmes, des cœurs.* Adichka meurt assassiné le 15 août 1917. Nathalie, exilée aux Etats-Unis, lui survivra jusqu'en 1986. (*L'Express*, 2463, 17/09/1998, p.70)

  b. A Baïgora et dans toute la Russie des princes, on vit au bord de l'abîme, sans vertige. Le barrage rompra sans prévenir et une déferlante de morts et d'exils emportera la dynastie Belgorodsky. Baïgora restera dans l'histoire de la révolution la première brèche de l'empire éclaté. *C'est un sinistre craquement des âmes, des cœurs.* [...]

(13a) における独立無冠詞名詞句の指示対象を先行文脈から直接抜き出すことは困難であるように思われる．しかし，無冠詞名詞句によって表されているものは，先行文脈の命題内容に含まれているものとして理解可能である．したがって，C'est Dét. N によってパラフレーズされる無冠詞名詞句は，一般に，先行文脈に指示対象を持つと考えられる．

また，次の (14) の独立無冠詞名詞句はC'est Ø N という無冠詞の形でパラフレーズされている．

(14) a. Profitez-en car ce service, l'un des plus efficaces selon les habitués de Montreuil, devrait disparaître prochainement. [alinéa] *Dommage, à l'heure où l'Urssaf de Paris vit une petite révolution.* Sous la houlette d'une nouvelle directrice, Suzanne Belz, la tour de Montreuil est en train de rompre avec vingt ans d'organisation taylorienne du travail. (*N.O.*, 1775, 12/11/1998, p.16)

  b. Profitez-en car ce service, l'un des plus efficaces selon les habitués de Montreuil, devrait disparaître prochainement. [alinéa] *C'est dommage, à l'heure où l'Urssaf de Paris vit une petite révolution.* [...]

(14a) における dommage は c'est dommage の省略によってできたものであると考えられるため，C'est Dét. N によってパラフレーズされる無冠詞名詞句とは性質の異なるものである．

133

2. 2. Voilà Dét. N

Voilà Dét. N によるパラフレーズが自然である独立無冠詞名詞句は，C'est Dét. N によるパラフレーズが自然である独立無冠詞名詞句と同様，先行文脈に指示対象が現れている (15, 16)。

(15) a. A la mi-décembre, Philippe Séguin devrait être réélu président d'un parti voué à soutenir, le cas échéant, la candidature de Jacques Chirac en 2002. *Singulière ironie de l'histoire pour celui qui décrétait en 1988 que le RPR avait «mieux à faire que de soutenir les candidatures présidentielles de Jacques Chirac».* Pour l'un comme pour l'autre, le réalisme l'a emporté. (*N.O.*, 1772, 22 /10 / 1998, p.26)

b. A la mi-décembre, Philippe Séguin devrait être réélu président d'un parti voué à soutenir, le cas échéant, la candidature de Jacques Chirac en 2002. *Voilà une singulière ironie de l'histoire pour celui qui décrétait en 1988 que le RPR avait «mieux à faire que de soutenir les candidatures présidentielles de Jacques Chirac».* [...]

(16) a. Et souvent ces secrets connus, ces mystères publiés, ces énigmes éclairées du grand jour, entraînent des catastrophes, des duels, des faillites, des familles ruinées, des existences brisées, à la grande joie de ceux qui ont "tout découvert" sans intérêt et par pur instinct. *Chose triste.* (V. HUGO, *Les Misérables*, Discotext)

b. Et souvent ces secrets connus, ces mystères publiés, ces énigmes éclairées du grand jour, entraînent des catastrophes, des duels, des faillites, des familles ruinées, des existences brisées, à la grande joie de ceux qui ont "tout découvert" sans intérêt et par pur instinct. *Voilà une chose triste.*

Voilà Dét. N によってパラフレーズされる独立無冠詞名詞句は，C'est Dét. N によってパラフレーズされる独立無冠詞名詞句と非常に近い性質を持つと考えられる。実際，Voilà Dét. N によってパラフレーズされる独立無冠詞名詞句の中には，次の (17) のように，C'est Dét. N によってもパラフレーズが可能なものが多く見られる。

(17) a. Quand Sylvie Guillem incarnait saint Sébastien dans la mise en scène que

Bob Wilson fit du mystère musical de Debussy pour l'Opéra de Paris, évidemment dépassée, elle était froide, inexpressive. Reprenant le rôle, Paré irradiait. Même perfection marmoréenne, même distance, mais avec une dimension spirituelle illuminant le personnage jusqu'à l'incandescence. A quoi tiennent de tels prodiges? *Mystère.* Le seul talent n'explique pas tout. (*N.O.*, 1772, 22 /10 /1998, p.57)
  b. [...] Reprenant le rôle, Paré irradiait. Même perfection marmoréenne, même distance, mais avec une dimension spirituelle illuminant le personnage jusqu'à l'incandescence. A quoi tiennent de tels prodiges? *Voilà le mystère.* [...]
  c. [...] Reprenant le rôle, Paré irradiait. Même perfection marmoréenne, même distance, mais avec une dimension spirituelle illuminant le personnage jusqu'à l'incandescence. A quoi tiennent de tels prodiges? *C'est un mystère.* [...]

(17c) においては不定冠詞が用いられており，単に「これは一つの神秘である」ということを中立的に表しているが，(17b) においては内包指示的用法の定冠詞が用いられており，「これぞまさに神秘である」と誰もが認めうるものであるということを意味している．

2. 3. Il y a Dét. N

数は多くないが Il y a Dét. N によるパラフレーズが自然である独立無冠詞名詞句もいくつか見られる (18, 19)．

(18) a. Le lauréat du deuxième concours, l'Américain Peter Eisenman, prévoyait, lui, de hérisser l'espace de 4100 stèles de pierre de 5 mètres de hauteur. *Protestations.* «Impossible à protéger ; ce serait une tentation permanente pour vandales, graffitis et croix gammées.» Le nombre de stèles a été réduit à 2700. (*L'Express*, 2463, 17 / 09 / 1998, p.60)
  b. Le lauréat du deuxième concours, l'Américain Peter Eisenman, prévoyait, lui, de hérisser l'espace de 4100 stèles de pierre de 5 mètres de hauteur. *Il y a eu des protestations.* [...]
(19) a. Premier mouvement, il bat le rappel de ses administrateurs. «Cette lettre est infamante», lance-t-il après sa lecture en conseil. *Acquiescements autour de*

la table, sauf sur les deux sièges tenus par le clan Bolloré. (*N.O.*, 1772, 22 /10 /1998, p.15)

b. Premier mouvement, il bat le rappel de ses administrateurs. «Cette lettre est infamante», lance-t-il après sa lecture en conseil. *Il y a des acquiescements autour de la table, sauf sur les deux sièges tenus par le clan Bolloré.*

(18), (19) における独立無冠詞名詞句の指示対象は先行文脈に直接現れていない。これらの無冠詞名詞句はある出来事を指示対象としていると考えられる。すなわち，指示対象は，先行文脈そのものではなく，先行文脈によって記述された言語外の世界に存在すると考えられるのである。

また，Il y a Ø N という無冠詞でのパラフレーズが可能なものもあるが，その場合 C'est Dét. N または Voilà Dét. N との競合が見られる(20)。

(20) a. Pour ces cyberéditeurs, l'idée est de revenir aux sources du métier, qui après tout consiste à éditer des textes et non pas à produire du papier encré! «Il s'agit d'ouvrir un marché complémentaire et aussi d'attirer un public jeune, qui de toute façon fréquente de moins en moins les librairies», estime Jean-Pierre Arbon, qui reçoit désormais un manuscrit par jour. [alinéa] *Trahison!* Après les prêts gratuits en bibliothèque et le «photocopillage», le livre électronique va déstabiliser l'édition noble et enterrer la libraire, s'insurgent une poignée d'éditeurs qui se sont plaints de ces pratiques auprès du ministère de la Culture. (*N.O.*, 1775, 12 /11 / 1998, pp.52-53)

b. [...] «Il s'agit d'ouvrir un marché complémentaire et aussi d'attirer un public jeune, qui de toute façon fréquente de moins en moins les librairies», estime Jean-Pierre Arbon, qui reçoit désormais un manuscrit par jour. [alinéa] *Il y a trahison!* [...]

c. [...] «Il s'agit d'ouvrir un marché complémentaire et aussi d'attirer un public jeune, qui de toute façon fréquente de moins en moins les librairies», estime Jean-Pierre Arbon, qui reçoit désormais un manuscrit par jour. [alinéa] *C'est une trahison!* [...]

(20c) の C'est Dét. N が性質として捉えられているのに対し，(20b) の Il y a Ø N は行為として捉えられているという違いはあるように感じられるが，いずれにせよ

第4章　独立無冠詞名詞句

指示対象は先行文脈に含まれていると解釈される．したがって，Il y a Ø N は Il y a Dét. N とは性質の異なるパラフレーズであると考えられる．

2.4. Dét. N est Attribut

この構文によってパラフレーズされる無冠詞名詞句は，状況を描写しており，指示対象が先行文脈に現れているとは解釈されない (21, 22)．

(21) a. C'étaient le mari et la femme qui tenaient conseil. Thénardier marcha à pas lents vers la table, ouvrit le tiroir et y prit le couteau. Marius tourmentait le pommeau du pistolet. *Perplexité inouïe.* Depuis une heure il y avait deux voix dans sa conscience, l'une lui disait de respecter le testament de son père, l'autre lui criait de secourir le prisonnier. (V. HUGO, *Les Misérables*, Discotext)

b. C'étaient le mari et la femme qui tenaient conseil. Thénardier marcha à pas lents vers la table, ouvrit le tiroir et y prit le couteau. Marius tourmentait le pommeau du pistolet. *Sa perplexité était inouïe.* [...]

(22) a. Hillary n'est pas dupe, seulement dépassée, inconsciente de l'ampleur du phénomène. Après avoir déchiré l'un des carnets d'adresses du tombeur, elle demande à son père, Hugh, républicain, et à l'un de ses deux frères de venir aider et de surveiller Clinton pendant la campagne. *Répit illusoire.* Mary Lee Fray, l'épouse du directeur de campagne, lui donne son opinion sur sa tenue de nonne féministe parmi les Scarlette O'Hara. (*L'Express*, 2463, 17/09/1998, p.48-49)

b. Hillary n'est pas dupe, seulement dépassée, inconsciente de l'ampleur du phénomène. Après avoir déchiré l'un des carnets d'adresses du tombeur, elle demande à son père, Hugh, républicain, et à l'un de ses deux frères de venir aider et de surveiller Clinton pendant la campagne. *Le répit est illusoire.* [...]

(21), (22) における独立無冠詞名詞句は，出来事の展開の中での状況の一コマを記述しており，Il y a Dét. N によってパラフレーズされる無冠詞名詞句と同様，指示対象は言語内ではなく，言語外に存在していると考えられる．

次の (23), (24) においても独立無冠詞名詞句は状況を描写していると言えるが，少し異なる説明が必要となる．

137

(23) a. L'un des premiers livres faisant clairement état d'un assassinat fut écrit en 1964 par un ancien du FBI. Une sorte de Fox Mulder de drôles d'*X Files*, Frank Cappell, qui s'interrogeait en 70 pages sur *L'Etrange Mort de Marilyn Monroe (Strange Death of Marilyn Monroe)*. Opuscule flingué à mort dès parution. Moqué. Mais lu de près par le tsar du renseignement, le dictateur de la flicaille, Edgar J. Hoover, directeur inamovible et haï du FBI. (*L'Express*, 2467, 15 /10 / 1998, p.50)

b. L'un des premiers livres faisant clairement état d'un assassinat fut écrit en 1964 par un ancien du FBI. Une sorte de Fox Mulder de drôles d'*X Files*, Frank Cappell, qui s'interrogeait en 70 pages sur *L'Etrange Mort de Marilyn Monroe (Strange Death of Marilyn Monroe)*. L'opuscule fut flingué à mort dès parution. [...]

(24) a. Là où avait râlé ce lamentable désastre, tout faisait silence maintenant. L'encaissement du chemin creux était comble de chevaux et de cavaliers inextricablement amoncelés. *Enchevêtrement terrible.* Il n'y avait plus de talus. Les cadavres nivelaient la route avec la plaine et venaient au ras du bord comme un boisseau d'orge bien mesuré. (V. Hugo, *Les Misérables*, Discotext)

b. Là où avait râlé ce lamentable désastre, tout faisait silence maintenant. L'encaissement du chemin creux était comble de chevaux et de cavaliers inextricablement amoncelés. *L'enchevêtrement était terrible.* [...]

(23) においては，独立無冠詞名詞句の核となる名詞として opuscule という語が用いられているが，直前に述べられているものが本であるということは既に明らかである．しかしながら，opuscule に続く flingué à mort dès parution の部分は新しい情報を提供し，出来事の展開の一部をなしている．同様に，(24) の独立無冠詞名詞句は enchevêtrement が核となっているが，先行文脈からもつれあいが起こっていることは既に記述されており，重要なのはそのもつれあいが terrible であるという情報を加えているということである．このような解釈は，Riegel, Pellat & Rioul (1994) の名詞文の観点から言えば，二句名詞文に相当すると思われるが，独立無冠詞名詞句が一句名詞文として解釈されるか，二句名詞文として解釈されるかは曖昧であり，実際，Dét. N est Attr. によってパラフレーズされる独立無冠詞名詞句の中には，C'est Dét. N によってパラフレーズされるものも多く見られる (25, 26)．

第 4 章　独立無冠詞名詞句

(25) a. La justice appelait à sa barre un homme qui, en voyant entrer le comte D'Artois à notre-dame, avait dit tout haut : sapristi ! Je regrette le temps où je voyais Bonaparte et Talma entrer bras dessus bras dessous au bal-sauvage. *Propos séditieux.* Six mois de prison. Des traîtres se montraient déboutonnés ; [...] (V. HUGO, *Les Misérables*, Discotext)

　　b. La justice appelait à sa barre un homme qui, en voyant entrer le comte D'Artois à notre-dame, avait dit tout haut : sapristi ! Je regrette le temps où je voyais Bonaparte et Talma entrer bras dessus bras dessous au bal-sauvage. *Les propos étaient séditieux.* [...]

　　c. La justice appelait à sa barre un homme qui, en voyant entrer le comte D'Artois à notre-dame, avait dit tout haut : sapristi ! Je regrette le temps où je voyais Bonaparte et Talma entrer bras dessus bras dessous au bal-sauvage. *C'étaient des propos séditieux.* [...]

(26) a. Au-dessous de toutes ces mines que nous venons d'indiquer, au-dessous de toutes ces galeries, au-dessous de tout cet immense système veineux souterrain du progrès et de l'utopie, bien plus avant dans la terre, plus bas que Marat, plus bas que Babeuf, plus bas, beaucoup plus bas, et sans relation aucune avec les étages supérieurs, il y a la dernière sape. *Lieu formidable.* C'est ce que nous avons nommé le troisième dessous. (V. HUGO, *Les Misérables*, Discotext)

　　b. Au-dessous de toutes ces mines que nous venons d'indiquer, au-dessous de toutes ces galeries, au-dessous de tout cet immense système veineux souterrain du progrès et de l'utopie, bien plus avant dans la terre, plus bas que Marat, plus bas que Babeuf, plus bas, beaucoup plus bas, et sans relation aucune avec les étages supérieurs, il y a la dernière sape. *Le lieu est formidable.* [...]

　　c. Au-dessous de toutes ces mines que nous venons d'indiquer, au-dessous de toutes ces galeries, au-dessous de tout cet immense système veineux souterrain du progrès et de l'utopie, bien plus avant dans la terre, plus bas que Marat, plus bas que Babeuf, plus bas, beaucoup plus bas, et sans relation aucune avec les étages supérieurs, il y a la dernière sape. *C'est un lieu formidable.* [...]

(25), (26) の b と c を比較すると，*C'est* Dét. N によるパラフレーズが先行文脈と結びついているのに対し，Dét. N est Attr. によるパラフレーズは，先行文脈その

ものではなく，先行文脈によって記述されている具体的なもの，すなわち，(25) においては「裁判所での発言」，(26) においては「坑道」と結びついているという解釈が成り立つように思われる．いずれにせよ，独立無冠詞名詞句は Dét. N est Attr. によってパラフレーズされる場合，言語外に指示対象を持つと考えられる．

2. 5. その他のパラフレーズ

ここでは，上で見たパラフレーズが困難な独立無冠詞名詞の例を観察する．いくつかの例においては特有のパラフレーズが必要となる (27-29)．

(27) a. *Honneur à celles et ceux qui se soucient d'abord de notre pays et de son avenir.* Le parlementarisme ne peut être respecté et sauvé du discrédit que par le courage des députés et sénateurs qui refusent d'être les zombies des lobbies de pédés et de gouines. (*N.O.*, 1775, 12/11/1998, p.28)

b. *Que l'on fasse honneur à celles et ceux qui se soucient d'abord de notre pays et de son avenir.* [...]

(28) a. En février : l'élection de Jean-Marie Le Chevallier à l'Assemblée nationale (juin 1997) est invalidée par le Conseil constitutionnel. *Motif?* Une triple infraction à la législation sur le financement des comptes de campagne. (*N.O.*, 1775, 12/11/1998, p.45)

b. En février : l'élection de Jean-Marie Le Chevallier à l'Assemblée nationale (juin 1997) est invalidée par le Conseil constitutionnel. *Vous me demandez le motif?* [...]

(29) a. Alors que les collégiens dévorent polars et romans, qu'ils ont ensuite l'occasion de discuter en classe, les lycéens, baccalauréat oblige, vivent surtout la lecture comme une «contrainte» au rythme des figures imposées du Lagarde et Michard. *Manque de temps?* Les horaires de potache n'expliquent pas tout. (*L'Express*, 2467, 15/10/1998, p.29)

b. Alors que les collégiens dévorent polars et romans, qu'ils ont ensuite l'occasion de discuter en classe, les lycéens, baccalauréat oblige, vivent surtout la lecture comme une «contrainte» au rythme des figures imposées du Lagarde et Michard. *C'est par manque de temps?* [...]

c. Alors que les collégiens dévorent polars et romans, qu'ils ont ensuite l'occasion de discuter en classe, les lycéens, baccalauréat oblige, vivent surtout la lecture comme une «contrainte» au rythme des figures imposées du Lagarde et Michard. *Ils manquent de temps?* [...]

(27) は祈願を表すため Que ＋接続法によってパラフレーズされている．(28), (29) においてはどちらも独立無冠詞名詞句が疑問の形で提示されている．(28a) は聞き手の疑問，(29a) は話し手自身の疑問として解釈できるが，パラフレーズを試みるならば，それぞれ，(28b), (29b, c) のようになるであろう．

次の (30) では，Voici Dét. N の形でパラフレーズされている．

(30) a. Pas plus hier qu'aujourd'hui, on n'imagine en effet un pilote d'Air France être publié sous la vénérable couverture blanche de la NRF et recevoir, engoncé dans un blouson de cuir usé par l'huile de vidange, le prix Femina. C'est bien pourtant ce qui s'est passé. *Explications.* [alinéa] En 1923, le jeune Saint-Exupéry vient de quitter l'armée et il n'a pas encore été engagé par la société Latécoère qui assure le transport aéropostal Toulouse-Dakar. Il s'ennuie. Il a des fourmis dans les jambes. Il écrit *aussi* parce qu'il s'ennuie et qu'il a des fourmis dans les jambes. (*N.O.*, 1775, 12 /11 /1998, p.6)

b. Pas plus hier qu'aujourd'hui, on n'imagine en effet un pilote d'Air France être publié sous la vénérable couverture blanche de la NRF et recevoir, engoncé dans un blouson de cuir usé par l'huile de vidange, le prix Femina. C'est bien pourtant ce qui s'est passé. *Voici les explications.* [alinéa] En 1923, le jeune Saint-Exupéry vient de quitter l'armée et il n'a pas encore été engagé par la société Latécoère qui assure le transport aéropostal Toulouse-Dakar. [...]

(30a) において，Explications の指示対象は先行文脈ではなく，後続文脈であると考えられる．この点が 2. 4. までで見た独立無冠詞名詞句と大きく異なっている．ここでの Explications の働きは，本のタイトル，あるいは GUILLAUME (1975) が指摘している，本の中に現れる Préface, Introduction, Chapitre, Table des Matières などと類似していると考えられる．すなわち，本のタイトルは普通，本の最後ではなく，本の表表紙に書かれているものであり，タイトルを先に知ってから，内容を読むことになるのである．(30a) の Explications にも同じことが言える．このような独立無冠詞名詞句は「標題的独立無冠詞名詞句」と呼ぶことができるであろ

う．一方，2. 4.までの独立無冠詞名詞句は，指示対象が，先行文脈，あるいは先行文脈によって記述されている場面の中に存在しており，独立無冠詞名詞句は指示対象より後に提示されている．これは，一般に絵の下に置かれていることの多い，絵のタイトルに近いと言える．次の (31) も，(30) と同様に，標題的独立無冠詞名詞句の例である．

(31) *Post-scriptum qui n'a rien à voir.* — On informe les fanatiques de Guy Debord de la publication par Jean-François Martos de «Correspondance avec Guy Debord» aux Editions le Fin Mot de l'Histoire, 320 p., 140 F, boîte postale no 274, 75866 Paris Cedex 18. (*N.O.*, 1772, 22 /10 /1998, p.46)

(31) における独立無冠詞名詞句は自然な形でのパラフレーズが困難である．このようにパラフレーズしがたい例は他にもいくつか存在する (32, 33).

(32) «Hormis la déclaration de guerre, assurait Gephardt, c'est la décision la plus importante que puissent prendre nos assemblées. Elle exige une sérénité bipartite.». [alinéa] *Sérénité.* Ce jour-là, le patron de la première puissance mondiale a demandé pardon cinq fois. (*L'Express*, 2463, 17/09/1998, p.43)
(33) Le mois prochain, les «stagiaires» de Belgique et du nord de la France — sept groupes au total — participeront tous ensemble à un «marché», qui fonctionnera avec les différentes «fausses monnaies» utilisées dans les ateliers. *Question, si tout va bien, de découvrir que, finalement, une monnaie unique, c'est plutôt mieux...* (*L'Express*, 2467, 15 /10 /1998, p.39)

(32) の独立無冠詞名詞句は，直前に引用されている第三者の発言の中に現れている sérénité いう語を繰り返したものであり，メタ言語的に用いられている．(33) の question de... は「～するために」という意味の一種の成句であり，文の形での言い換えは難しい．

　ここまでのパラフレーズを通した観察から，独立無冠詞名詞句の指示対象は大きく三つに分けられる．すなわち，指示対象は，一般に，先行文脈，先行文脈によって記述されている言語外世界，後続文脈のいずれかに存在するということである．次節ではこの指示対象の違いをもとに独立無冠詞名詞句についてさらに細かく考察を行う．

3. 独立無冠詞名詞句の指示対象

3. 1. 指示対象が先行文脈に現れている場合

独立無冠詞名詞句の多くは指示対象を先行文脈の中に持っていると考えられる．この場合，独立無冠詞名詞句は，先行文脈に現れている名詞句，文，あるいは命題内容に対して，記述を行うとともに，その記述をもって命名を行っていると分析できるのである．先行文脈と独立無冠詞名詞句は，意味的関連性と隣接性によって結びつけられる．このような無冠詞名詞句は，C'est Dét. N または Voilà Dét. N によってパラフレーズされる (34-36)．

(34) a. Comment faire passer dans le sens commun que lire le livre de Don Wolfe est libérer Marilyn? Non pas la venger, lui donner une revanche. Le repos. Lui faire savoir par-delà l'Au-delà que jamais plus elle ne sera plaquée. Sa terreur. *Terreur d'une enfant qui, sortant d'un orphelinat, valsa entre neuf familles d'accueil en quatre ans.* (*L'Express*, 2467, 15/10/1998, p.51)

b. Comment faire passer dans le sens commun que lire le livre de Don Wolfe est libérer Marilyn? Non pas la venger, lui donner une revanche. Le repos. Lui faire savoir par-delà l'Au-delà que jamais plus elle ne sera plaquée. Sa terreur. *C'était la terreur d'une enfant qui, sortant d'un orphelinat, valsa entre neuf familles d'accueil en quatre ans.*

(35) a. Ce qu'il faut, c'est rétablir la confiance de la population envers les institutions, réintégrer les gamins perdus et restaurer l'esprit civique. *Vaste programme ...* (*L'Express*, 2467, 15 /10 /1998, p.27)

b. Ce qu'il faut, c'est rétablir la confiance de la population envers les institutions, réintégrer les gamins perdus et restaurer l'esprit civique. *C'est un vaste programme ...*

(36) a. A la mi-décembre, Philippe Séguin devrait être réélu président d'un parti voué à soutenir, le cas échéant, la candidature de Jacques Chirac en 2002. *Singulière ironie de l'histoire pour celui qui décrétait en 1988 que le RPR avait «mieux à faire que de soutenir les candidatures présidentielles de Jacques Chirac».* Pour l'un comme pour l'autre, le réalisme l'a emporté. [=(15a)]

b. A la mi-décembre, Philippe Séguin devrait être réélu président d'un parti voué à soutenir, le cas échéant, la candidature de Jacques Chirac en 2002. *Voilà une singulière ironie de l'histoire pour celui qui décrétait en 1988 que le RPR avait «mieux à faire que de soutenir les candidatures présidentielles de Jacques Chirac».* [...] [=(15b)]

しかしながら，これらの独立無冠詞名詞句の指示対象が先行文脈という言語内的要素にとどまっているかどうかは実際には明確ではない．これについては次の3.2.で検討することにする．

3.2. 指示対象が言語外のものである場合

独立無冠詞名詞句の指示対象は，先行文脈そのものの中ではなく，先行文脈によって描写されている場面のような言語外の世界に存在すると解釈できる場合がある．

FURUKAWA (1996) は，発話が談話に組み込まれるためには，発話の内部であれ，外部であれ，常に定位点 (point d'ancrage) を必要とすることを指摘し，(37), (38) のような出来事を表す発話は，名詞句のテーマ性が低く，発話の場が定位点となっていると説明している．

(37) Il pleut! (p.142)
(38) Le facteur qui passe! (*ibid.*)

(37), (38) は何ら先行文脈を持たずに発せられる発話であり，言語内にテーマを持つとは考えられない．(37) においては雨が降っているという状況，(38) においては郵便配達人がやってくるという状況が発話のもととなっている．すなわち，これらは眼前描写であり，言語外世界と直接結びついているのである．

独立無冠詞名詞句に関しても，言語外の世界と結びついていると考えられる例が見られる．次の (39), (40) において，独立無冠詞名詞句の指示対象は先行文脈（言語内的要素）として現れておらず，先行文脈によって描写されている場面（言語外的要素）の中に指示対象が存在していると解釈できる．Il y a Dét. N によってパラフレーズされるものが，このタイプに属する．

(39) a. Les états-majors de jadis ne crachaient pas sur l'illettré. C'était une chair à

第4章　独立無冠詞名詞句

canon très estimée. Grâce au rail, toujours fraîche. *Arrivages journaliers au moment des coups de feu.* Saluons donc le progrès. (*L'Express*, 2467, 15 / 10 / 1998, p.82)

b. Les états-majors de jadis ne crachaient pas sur l'illettré. C'était une chair à canon très estimée. Grâce au rail, toujours fraîche. *Il y avait des arrivages journaliers au moment des coups de feu.* Saluons donc le progrès.

(40) a. Le lauréat du deuxième concours, l'Américain Peter Eisenman, prévoyait, lui, de hérisser l'espace de 4100 stèles de pierre de 5 mètres de hauteur. *Protestations.* «Impossible à protéger ; ce serait une tentation permanente pour vandales, graffitis et croix gammées.» Le nombre de stèles a été réduit à 2700. [=(18a)]

b. Le lauréat du deuxième concours, l'Américain Peter Eisenman, prévoyait, lui, de hérisser l'espace de 4100 stèles de pierre de 5 mètres de hauteur. *Il y a eu des protestations.* [...] [=(18b)]

(39) において，独立無冠詞名詞句が表している「荷物の到着」は，指示対象が先行文脈に現れているわけではなく，先行文脈によって記述されている場面の中で起こっている出来事を指示対象としている．(40) においても，同様に，「抗議」の指示対象は，先行文脈そのものではなく，先行文脈が描写している場面における出来事であると考えられる．これらは，先行文脈によって場面を与えることによって，あたかも目の前で起こっているかのように，出来事を独立無冠詞名詞句で表したものである．この場合，出来事は絵画的に扱われ，独立無冠詞名詞句は絵のタイトルに類似した機能を果たしていると思われる．

次の例 (41), (42) では，独立無冠詞名詞句の指示対象が先行文脈に現れておらず，言語外に存在するように思われるが，C'est Dét. N によるパラフレーズが最も自然であると判断されている．

(41) a. Il avertit particulièrement le «cher Martin» du risque d'explosion du montage financier de Bouygues Télécom «de l'aveu même de certains de tes collaborateurs»! *Stupeur au conseil.* L'héritier de Bouygues va-t-il être mis échec et mat ? Sans doute Vincent Bolloré en a-t-il rêvé... (*N.O.*, 1772, 22 /10 /1998, p.15)

b. Il avertit particulièrement le «cher Martin» du risque d'explosion du montage financier de Bouygues Télécom «de l'aveu même de certains de tes collaborateurs»! *C'est la stupeur au conseil.* [...]

145

c. ?Il avertit particulièrement le «cher Martin» du risque d'explosion du montage financier de Bouygues Télécom «de l'aveu même de certains de tes collaborateurs»! *Il y a une stupeur au conseil.* [...]

d. ?Il avertit particulièrement le «cher Martin» du risque d'explosion du montage financier de Bouygues Télécom «de l'aveu même de certains de tes collaborateurs»! *Il y a stupeur au conseil.* [...]

(42) a. Il s'est senti agressé, il a tiré par peur, répète inlassablement son avocat. Jusqu'au jour où, le 15 juin, Julie vient dire aux jurés que son grand-père n'est pas l'homme qu'il prétend : «Il m'emmenait au club de tir pour m'apprendre à tirer sur les Arabes, les "melons", comme il les appelait. J'avais 8 ans à l'époque.» *Silence suffoqué de l'assistance.* Assis dans son box, Robert Lagier accuse le coup, livide. (*L'Express*, 2463, 17 / 09 /1998, p.26)

b. Il s'est senti agressé, il a tiré par peur, répète inlassablement son avocat. Jusqu'au jour où, le 15 juin, Julie vient dire aux jurés que son grand-père n'est pas l'homme qu'il prétend : «Il m'emmenait au club de tir pour m'apprendre à tirer sur les Arabes, les "melons", comme il les appelait. J'avais 8 ans à l'époque.» *C'est un silence suffoqué de l'assistance.* [...]

c. ?Il s'est senti agressé, il a tiré par peur, répète inlassablement son avocat. Jusqu'au jour où, le 15 juin, Julie vient dire aux jurés que son grand-père n'est pas l'homme qu'il prétend : «Il m'emmenait au club de tir pour m'apprendre à tirer sur les Arabes, les "melons", comme il les appelait. J'avais 8 ans à l'époque.» *Il y a un silence suffoqué de l'assistance.* [...]

d. ?Il s'est senti agressé, il a tiré par peur, répète inlassablement son avocat. Jusqu'au jour où, le 15 juin, Julie vient dire aux jurés que son grand-père n'est pas l'homme qu'il prétend : «Il m'emmenait au club de tir pour m'apprendre à tirer sur les Arabes, les "melons", comme il les appelait. J'avais 8 ans à l'époque.» *Il y a silence suffoqué de l'assistance.* [...]

(41), (42) において，先行文脈によって記述されている出来事と独立無冠詞名詞句の表す出来事は別々のものであるように感じられるが，後者は前者の当然の帰結として現れ，二つの出来事は間髪を入れずに連鎖して起こっている．したがって，イコールの関係にあると見なされるために，C'est Dét. N によるパラフレーズが最も適切であると考えられる．しかしながら，C'est Dét. N によってパラフレーズさ

第 4 章　独立無冠詞名詞句

れる独立無冠詞名詞句が，実際に，先行文脈という言語内的要素の中に指示対象を持っているかどうかは明確でないと言わざるを得ない．例えば，

(43) a. A cet égard, le cas de Lorenzo Lotto est exemplaire. Voici un peintre que ses contemporains ont jugé d'un œil condescendant, à l'image de l'Arétin affirmant en substance : Lotto, ce n'est pas mal, mais Titien c'est mieux! *Erreur monumentale.* L'Arétin aurait dû déclarer : Lotto, c'est différent, tout simplement. [=(1)]
b. A cet égard, le cas de Lorenzo Lotto est exemplaire. Voici un peintre que ses contemporains ont jugé d'un œil condescendant, à l'image de l'Arétin affirmant en substance : Lotto, ce n'est pas mal, mais Titien c'est mieux! *C'est une erreur monumentale.* [...]

(43) における独立無冠詞名詞句は，先行文脈中に指示対象を持つように感じられるが，厳密にどこからどこまでが指示対象であるかを指摘することは必ずしも容易ではない．(43) において，「とんでもない間違い」であるのは，「『ロットも悪くないが，ティツィアーノの方がいい』と人々が判断したという事実」のことであって，独立無冠詞名詞句の指示対象はむしろ言語外世界に属するという解釈ができる．このように，C'est Dét. N によってパラフレーズされる独立無冠詞名詞句も，実際には，先行文脈という言語内的要素を指示対象としているのではなく，先行文脈が描写している言語外世界に指示対象を見いだすことによって，Il y a Dét. N によってパラフレーズされる独立無冠詞名詞句と同じ説明が可能となる．こうすることにより，C'est Dét. N によってパラフレーズされる独立無冠詞名詞句も絵のタイトルに類似したものであると見なすことができるのである．

また，Le N est Attr. によってパラフレーズされる無冠詞名詞句も言語外に指示対象を持つと解釈される (44, 45)．

(44) a. Je n'ai pu soutenir cette lecture, non par émotion, n'en étant pas encore émue, mais par dégoût de l'horrible que j'ai senti dès l'abord aux premières pages. *Livre fermé.* Ce n'était pas ce qu'il fallait à ma disposition d'âme ; je m'étais trompée en cherchant un poids, tandis qu'il faut s'alléger alors. (E. DE GUÉRIN, *Journal*, Discotext)
b. Je n'ai pu soutenir cette lecture, non par émotion, n'en étant pas encore émue,

mais par dégoût de l'horrible que j'ai senti dès l'abord aux premières pages. *Le livre a été fermé.* [...]

(45) a. — deux heures plus tard, je prenais un char à bancs à Aigle, et à 8 h. 15 j'entrais chez Hygie par l'escalier de la remise, c'est-à-dire par la porte étroite. *Accueil fraternel.* En dix minutes je savais tout le nécessaire. (H.-F. AMIEL, *Journal intime de l'année 1866*, Discotext)

b. — deux heures plus tard, je prenais un char à bancs à Aigle, et à 8 h. 15 j'entrais chez Hygie par l'escalier de la remise, c'est-à-dire par la porte étroite. *L'accueil fut fraternel.* En dix minutes je savais tout le nécessaire.

(44), (45) において, 独立無冠詞名詞句の指示対象を先行文脈に求めることは困難であり, そこに描写されている場面の中で展開している出来事が指示対象となっている. Le N est Attr. によってパラフレーズされる無冠詞名詞句の例の中には, 核となる名詞が, 既に先行文脈に現れている具体的な事物を表しているものも見られる (46, 47).

(46) a. L'un des premiers livres faisant clairement état d'un assassinat fut écrit en 1964 par un ancien du FBI. Une sorte de Fox Mulder de drôles d'*X Files*, Frank Cappell, qui s'interrogeait en 70 pages sur *L'Etrange Mort de Marilyn Monroe (Strange Death of Marilyn Monroe)*. *Opuscule flingué à mort dès parution.* Moqué. Mais lu de près par le tsar du renseignement, le dictateur de la flicaille, Edgar J. Hoover, directeur inamovible et haï du FBI. [=(23a)]

b. L'un des premiers livres faisant clairement état d'un assassinat fut écrit en 1964 par un ancien du FBI. Une sorte de Fox Mulder de drôles d'*X Files*, Frank Cappell, qui s'interrogeait en 70 pages sur *L'Etrange Mort de Marilyn Monroe (Strange Death of Marilyn Monroe)*. *L'opuscule fut flingué à mort dès parution.* [...] [=(23b)]

(47) a. En mai : Cendrine Le Chevalier, épouse de Jean-Marie et 7e adjoint, est condamnée à un mois de prison avec sursis et 30 000 francs d'amende pour discrimination à l'embauche. *Condamnation actuellement en appel.* (*N.O.*, 1775, 12 / 11 / 1998, p.45)

b. En mai : Cendrine Le Chevalier, épouse de Jean-Marie et 7e adjoint, est condamnée à un mois de prison avec sursis et 30 000 francs d'amende pour discrimination à l'embauche. *La condamnation est actuellement en appel.*

(46) においては opuscule（本）が，(47) においては condamnation（有罪判決）が既に話題に上っており，これらに続いている修飾語句は新情報を提供している．したがって，テーマ／レーマの構造が見られるため，Le N est Attr. によるパラフレーズが自然である．しかし，いずれにせよ，これらの独立無冠詞名詞句は出来事を指示対象としており，言語外の世界が関与している．

以上の観察から，独立無冠詞名詞句は，C'est Dét. N, Voilà Dét. N, Il y a Dét. N, Dét. N est Attr. のうちのいずれによってパラフレーズされようと，その指示対象は先行文脈によって描写されている言語外の世界に存在するという一貫した説明が可能であると考えられる．

3.3. 指示対象が後続文脈である場合

特殊なパラフレーズを必要とする独立無冠詞名詞句，あるいはパラフレーズが困難な独立無冠詞名詞句の中に，後続文脈を指示対象とするものがいくつかあることは既に指摘した．そして，このような独立無冠詞名詞句は，本のタイトルと類似した働きをするため，「標題的独立無冠詞名詞句」と名付けた．

次の (48), (49) における独立無冠詞名詞句は，それ自体は出来事を記述していると解釈できるが，場面を設定する先行文脈がなく，後続文脈においてその詳しい描写がなされている．そのため，後続文脈に対する標題として機能していると考えられる[11]．

(48) *Débat hystérique au Parlement autour du Pacs.* La droite a trouvé son héroïne, Christine Boutin, boutant les homosexuels hors de la conscience nationale. Cela ne doit pas dissimuler qu'une élue du RPR, Roselyne Bachelot, a courageusement défendu le projet. L'une a disposé de cinq heures de tribune, la seconde de cinq minutes. (*N.O.*, 1775, 12/11/1998, p.21)

(49) *Retour sur la motion d'irrecevabilité du Pacs.* Après l'adoption de cette motion à

---

11 (48), (49) における独立無冠詞名詞句はそれぞれ次のようなパラフレーズが可能である．
   (48') Le débat est hystérique au Parlement autour du Pacs.
   (49') Il y a eu un retour sur la motion d'irrecevabilité du Pacs.
   しかしながら，これらは，文の形になっても，談話の中に融合しているわけではなく，標題的性質を保っている．

149

l'Assemblée nationale par une majorité de députés, tous centristes ou de droite, M. Jean Glavany, député PS et vice-président de l'Assemblée, écrit dans «Libération» du 14 octobre ce que plusieurs autres députés PS avaient explimé de vive voix : «Par quel mécanisme antidémocratique une minorité peut-elle devenir une majorité ?» (*N.O.*, 1772, 22 /10 /1998, p.46)

　これらの独立無冠詞名詞句は，新聞の小見出しと比較することができる．小見出しが記事に対してタイトルとして働いているのに対し，(48), (49) の標題的独立無冠詞名詞句は，段落に対してタイトルを与えていると捉えられる．この場合，一段落分の後続文脈が独立無冠詞名詞句の指示対象であると言える．
　次の (50), (51) における独立無冠詞名詞句も，後続文脈を指示対象としている．

(50) *Post-scriptum qui n'a rien à voir.* — On informe les fanatiques de Guy Debord de la publication par Jean-François Martos de «Correspondance avec Guy Debord» aux Editions le Fin Mot de l'Histoire, 320 p., 140 F, boîte postale no 274, 75866 Paris Cedex 18. [=(31)]

(51) Pas plus hier qu'aujourd'hui, on n'imagine en effet un pilote d'Air France être publié sous la vénérable couverture blanche de la NRF et recevoir, engoncé dans un blouson de cuir usé par l'huile de vidange, le prix Femina. C'est bien pourtant ce qui s'est passé. *Explications.* [alinéa] En 1923, le jeune Saint-Exupéry vient de quitter l'armée et il n'a pas encore été engagé par la société Latécoère qui assure le transport aéropostal Toulouse-Dakar. Il s'ennuie. Il a des fourmis dans les jambes. Il écrit *aussi* parce qu'il s'ennuie et qu'il a des fourmis dans les jambes. [=(30a)]

　しかしながら，(48), (49) と (50), (51) の間には次のような違いが存在する．(48), (49) は後続文脈の内容を要約したものであるが，(50), (51) は後続文脈のカテゴリーを表したものである．これを CURAT (1999) の分類に当てはめるならば，前者を「中身のラベル」，後者を「種類のラベル」として区別することができる．いずれの場合も，先行文脈によって指示対象が与えられる独立無冠詞名詞句とは異なり，指示対象は言語的情報であり，指示対象となる後続文脈の範囲は比較的明確に限定されている．とりわけ，種類のラベルとして機能するものは，コロンによって，指示対象が明示されている場合がある．すなわち，第3章で扱った「文タイトル」

第4章 独立無冠詞名詞句

の形で現れうるのである (52, 53).

(52) Informé le mardi 13 octobre que la prochaine discussion sur le Pacs viendrait à l'Assemblée les 7 et 8 novembre, Robert Hue s'est exclamé, tout joyeux : «Ça tombe bien, ça m'arrange!» *Explication :* c'est à ces dates-là que doit se tenir la convention sur l'Europe du PC, qui s'annonce délicate, et le secrétaire national est ravi de pouvoir y échapper. (*N.O.*, 1772, 22/10/1998, p.22)

(53) Ce dernier point est fondamental. Le profit de Bouygues — à peine 100 millions de francs pour 45 milliards de francs de chiffre d'affaires au premier semestre 1998 — est maigre. Pis : il peut carrément être balayé si une nouvelle présentation des comptes devait s'imposer. Or la COB demande une modification des règles. Et certains administrateurs, extérieurs au clan Bolloré, sont du même avis : «Oui, il faut que le groupe assume pleinement dans ses comptes les conséquences de l'investissement dans le téléphone. Le marché jugera.» *Explication :* cette opération vérité obligerait Bouygues à amortir des centaines de millions de francs d'investissements dès 1998, faisant disparaître d'un coup ses maigres profits. (*N.O.*, 1772, 22/10/1998, p.16)

また，次の (54) のように，聞き手の問いを先取りしていると捉えられる独立無冠詞名詞句も，後続文脈に対する標題としての解釈を持ちうるものであり，コロンを用いた言い換えが可能である．

(54) a. En février : l'élection de Jean-Marie Le Chevallier à l'Assemblée nationale (juin 1997) est invalidée par le Conseil constitutionnel. *Motif?* Une triple infraction à la législation sur le financement des comptes de campagne. [=(28a)]
b. *Motif :* une triple infraction à la législation sur le financement des comptes de campagne.

以上のことから，後続文脈を指示対象とする独立無冠詞名詞句は，先行文脈によって指示対象が与えられる独立無冠詞名詞句とは異なり，言語内に指示対象をとどめていることが明らかである．多くの場合，本が言葉によって構成され，タイトルは内容よりも先に与えられることから，標題的無冠詞名詞句は本のタイトルに準ずるものであると言える．

151

最後に興味深い例を二つ見ておきたい．一つは，指示対象を二つ持つと解釈できる独立無冠詞名詞句の例である(55)．

(55) Le lauréat du deuxième concours, l'Américain Peter Eisenman, prévoyait, lui, de hérisser l'espace de 4100 stèles de pierre de 5 mètres de hauteur. *Protestations.* «Impossible à protéger ; ce serait une tentation permanente pour vandales, graffitis et croix gammées.» Le nombre de stèles a été réduit à 2700. [=(18a), (40a)]

この独立無冠詞名詞句は，既に見たように，先行文脈によって描写された場面において起こっている出来事を指示対象としている．しかし，それと同時に，後続文脈に対しては標題的な働きを持っている．すなわち，標題としては直後の括弧の部分を指示対象としており，二重の機能を持っていることになる．

もう一つは，独立無冠詞名詞句が性数変化を伴った人称代名詞によって受け直されている例である(56)．

(56) Nous avions déjà l'art d'opinion, la démocratie d'opinion ; nous aurons maintenant l'enseignement d'opinion. Il faut renoncer à l'idée que le lycée puisse rester un lieu privilégié de communication du savoir. [alinéa] *Conclusions? Elles* sont au nombre de deux. La première était déjà contenue dans mes prémisses. (*N.O.*, 1772, 22 /10 /1998, p.27)

この例については既に第3章でも指摘したが，この無冠詞名詞句は，性数変化を伴った人称代名詞によって照応されているため，指示機能を持っていることが明らかである．このような無冠詞名詞句は，固有名詞に近い性質を持っているように思われる．

4. 結語

本章では，独立無冠詞名詞句について，絵や本のタイトル同様に，一種のラベルとして機能するものとして論じた．絵のタイトルが何らかの絵の名称であるように，独立無冠詞名詞句も何かの名称であるという観点から，その指示対象の存在を探った．

第4章　独立無冠詞名詞句

　独立無冠詞名詞句の多くは C'est Dét. N, Voilà Dét. N, Il y a Dét. N, Dét. N est Attr. のいずれかによってパラフレーズされる．C'est Dét. N あるいは Voilà Dét. N によってパラフレーズされる場合，指示対象は先行文脈に現れており，Il y a Dét. N あるいは Dét. N est Attr. によってパラフレーズされる場合，指示対象は先行文脈によって描写されている場面で起こっている出来事であると解釈される．しかし，C'est Dét. N あるいは Voilà Dét. N によってパラフレーズされる独立無冠詞名詞句の指示対象が，先行文脈という言語内に存在しているかどうかは必ずしも明確ではなく，むしろ，先行文脈が記述している言語外の世界に存在すると捉える方が妥当である．これによって，パラフレーズが4つのうちのいずれであっても，独立無冠詞名詞句の指示対象は，先行文脈によって描写された言語外の世界に存在するという一貫した説明が可能になる．このような独立無冠詞名詞句は，描写の後で命名を行っており，絵のタイトルと類似している．

　一方，後続文脈によって指示対象が与えられている独立無冠詞名詞句もいくつか見られる．これらの独立無冠詞名詞句の多くは，上の4つのパラフレーズがいずれも困難である．このタイプの独立無冠詞名詞句は，後続文脈の要約である「中身のラベル」と後続文脈のカテゴリーを示す「種類のラベル」に分類できるが，いずれの場合も，指示対象は言語的情報であり，範囲が比較的明確に限定されている．このような性質は，新聞の見出し，さらには本のタイトルに近いものであり，標題的独立無冠詞名詞句と呼ぶことができる．すなわち，まず標題が目に入り，後からその内容を知ることになるのである．

　以上のような観察から，独立無冠詞名詞句は一種のラベルであり，固有名詞に近いものであるように思われる．このことが，無冠詞で現れる要因の一つであると考えられる．しかし，それだけではなく，独立無冠詞名詞句の核をなしている名詞あるいは名詞句が，内包レベルでの記述しか行っていないということも冠詞を妨げる要因をなしていると思われる．このように，独立無冠詞名詞句の冠詞の欠如については，固有名詞的性格の指示機能と核となる名詞（句）の記述機能という二つの方向から説明ができるであろう．

第5章

不定冠詞を伴う固有名詞

第5章 不定冠詞を伴う固有名詞

　本章の目的は固有名詞に関する哲学的あるいは論理学的議論を試みることではなく，純粋に言語学的見地から固有名詞について考察を行うことにある．固有名詞は，本来個体を指示する機能のみを持ち，普通名詞と異なり意味を記述する機能を持たないと考えられる[1]．とりわけ人名を表す固有名詞は通常無冠詞で現れ指示的に用いられる．この人名を表す固有名詞が限定詞とともに現れることがあるが，この場合固有名詞にどのような変化が起きているであろうか．以下に，不定冠詞を伴った固有名詞の例をいくつか挙げる．まず，

(1) *Un Meyer* est venu me voir ce matin. (KLEIBER, 1981, p.301)
(2) Elle m'a mis sous les yeux ce que j'avais pris pour un livre de cuisine, ce bouquin aux pages jaunies rongées par les insectes, sans reliure, mais qui avait des gravures superbes, d'*un certain Gustave Doré*. (*N.O.*, 1717, 2/10/1997, p.58)

において，(1) のun Meyer は「メイエールという人物」，(2) のun certain Gustave Doré は「ギュスターヴ・ドレという画家」という意味であり，un Np [= Nom propre] が「～という名前の人」という呼称的解釈 (interprétation dénominative)[2] で用いられている．
　一方，次の例，

(3) Paul est *un vrai Napoléon*. (KLEIBER, 1981, p.410)
(4) Pour ma part, j'étais disposé à croire qu'il y a toujours un grand homme, *un César* dans chaque génération et qu'il n'est que de le découvrir et de lui demander le mot d'ordre. (M. BARRÈS, *Mes Cahiers*, Discotext)

において，(3) のun vrai Napoléon は「まさにナポレオンのような人」，(4) のun César は「カエサルのような人物」という意味であり，un Np が「～のような人」という隠喩的解釈 (interprétation métaphorique)[3] で用いられている．

1　KLEIBER (1981) では固有名詞はêtre appelé / N / という意味を持っているものとして扱われているが，これは普通名詞の持つ意味とは次元が異なる意味であるように思われる．
2　(2)におけるようなcertain，あるいはnommé, dénommé, prétendu, soi-disant などの表現は，固有名詞が呼称的解釈であることを明示するものである (cf. GARY-PRIEUR, 1994, JONASSON, 1994).
3　KLEIBER (1981) によると，(3) で現れているvrai は，後に続く語の暗示的意味 (connotation) を断定し，外示的意味(sens dénotatif) を否定している．また，GARY-PRIEUR (1994), JONASSON (1994) によると，vrai, véritable, nouveau などの形容詞やune sorte de のような表現は，固有名詞の隠喩的解釈となじみやすいという．なお，呼称的解釈と隠喩的解釈について詳しくはGARY-PRIEUR (1994), JONASSON (1994) 参照．

157

呼称的解釈と隠喩的解釈の違いについて，GARY-PRIEUR (1994) は次のように述べている．

「呼称的解釈は外延 (extension) においてのみクラスを定義し，一方，隠喩的解釈は内包 (intension) においてクラスを特徴付ける．」[4]

すなわち，隠喩的解釈の場合，内包がかかわっているということになるが，なぜ本来固有名詞にないはずの内包が問題となるのであろうか．恐らく，限定詞が何らかの形で内包の付与に関与していると推測されるが，そのメカニズムはどのようになっているであろうか．

本章では，まず限定詞を伴う固有名詞の実例を観察し，次に固有名詞の記述機能という側面から内包について論じ，続いて隠喩的解釈の根底に存在すると考えられる部分冠詞付きの固有名詞について考察を行い，最後に固有名詞の隠喩的解釈のメカニズムを明らかにする．

1. 限定詞を伴う固有名詞の分布

KLEIBER (1994) は，限定詞付きの固有名詞を，呼称的用法 (emploi dit *dénominatif*)，分割的用法 (emploi dit de *fractionnement*)，例示的用法 (emploi dit *exemplaire*)，隠喩的用法 (emploi dit *métaphorique*)，換喩的用法 (emploi dit *métonymique*) の5つに分類し次のような例を示している (cf. p.68).

a) 呼称的用法 (K. JONASSON, M.-N. GARY-PRIEUR) :
   J'ai connu *une Minville*, il y a longtemps, très longtemps (K. JONASSON)
   Il n'y a pas *d'Huguette* au numéro que vous avez appelé (K. JONASSON)

b) 分割的用法 (K. JONASSON) :
   Le Hugo de 1825 ne vaut pas *le Hugo de la vieillesse*
   Nous avancions, main dans la main, dans les rues d'*un Paris ensoleillé* (M.-N. GARY-PRIEUR)

c) 例示的用法 (M.-N. GARY-PRIEUR) :
   Un De Gaulle aurait réagi immédiatement

---

[4] «l'interprétation dénominative la [= une classe] définit en extension seulement, tandis que l'interprétation métaphorique la caractérise en intension.» (GARY-PRIEUR, 1994, p.130)

Un Prado, *un Casoni*, pour ne citer qu'eux sont «limite» au plan international!
(Journal *Les Dernières Nouvelles*, 22 / 02 /1991)

d) 隠喩的用法：
Paul est *un vrai Napoléon*
Sartre, *ce Hugo de notre siècle* (*Nouvel Observateur*, cité par K. JONASSON)

e) 換喩的用法：
J'ai écouté *du Mozart*
C'est *un Matisse*, ça

しかしながら，筆者が報道文をコーパスに[5]，人名を表す固有名詞が限定詞を伴って現れている例を収集したところ，上の5つの分類のいずれにも入れられないと思われる例が多く見られた．それは，固有名詞の本来の指示対象と限定詞付きの固有名詞の指示対象の間に全く違いがないと考えられる例である．このような例を「本質的用法」と名付け，6番目の用法とする．下の表は，筆者の収集例を分類したものである．

限定詞＼用法	呼称	分割	例示	隠喩	換喩	本質	計
du				1	2		3
un	7	13	20	7			47
le	6	4		8	5	28	51
ce				4		2	6
son						1	1
計	13	17	20	20	7	31	108

この表から明らかなように，用法により現れる限定詞に偏りがある．例示的用法は不定冠詞しか現れておらず，分割的用法も多くは不定冠詞である．一方，本質的用法においては，定冠詞，指示形容詞，所有形容詞という定的な限定詞のみが観察される．呼称的用法と隠喩的用法は定・不定ともに同程度現れている．換喩

---

5 *L'Express*, 2426, 1/1/1998, *L'Express*, 2427, 8/1/1998, *Nouvel Observateur*, 1717, 2/10/1997, *Nouvel Observateur*, 1718, 9/10/1997, *Nouvel Observateur*, 1732, 15/1/1998.

的用法に関しては,部分冠詞と定冠詞しか現れていないが,論理的には不定冠詞も可能である.それぞれの用法の合計を比べると,本質的用法が最も多く現れており,続いて,例示的用法,隠喩的用法が同数で並び,それから,分割的用法,呼称的用法の順に続き,最も少ないのが換喩的用法である.また,限定詞の合計を見ると,不定冠詞と定冠詞が圧倒的に多く,二つの合計で全体の9割弱を占めている.以下では,それぞれの用法別に実例を観察することにする.

1. 1. 呼称的用法

限定詞を含む固有名詞が,「～とかいう人,～という名前の人」という解釈になる場合,この用法に当てはまる (5, 6).

(5) Son père, policier à Jérusalem (nous sommes au temps où Golda Meir préside l'Etat sioniste), a mis Nono dans un train à destination de Haïfa, où l'attend un oncle assez redoutable. Mais en route il se laissera «enlever» (est-ce une facétie de son père ou un véritable enlèvement?) par *un certain Félix*, vieil escroc de haut vol et magicien époustouflant, qui sait tout de lui, de sa famille et même de sa mère disparue juste après sa naissance. (*N.O.*, 1732, 15/1/1998, p.82)

(6) «Je ne me souvenais pas que j'étais si bon élève», commente alors, dans un français parfait et avec un modeste sourire, le diplomate bientôt septuagénaire, enconstatant qu'*un certain Rohatyn Felix* figure en face de la mention «prix d'excellence». (*L'Ex-press*, 2427, 8/1/1998, p.80)

(5) の un certain Félix は「Félix という人」,(6) の un certain Rohatyn Felix は「Rohatyn Felix という人」という解釈であり,固有名詞によって指示対象を同定しているのではなく,名前という情報だけを与えている.(5) も (6) も certain という語と共に現れているが,この語が固有名詞についた場合,呼称的解釈であることが明示されることは,GARY-PRIEUR (1994), JONASSON (1994) が指摘しているとおりである.次のような例もこの用法に分類されるであろう.

(7) Roberto Cotroneo, père d'*un petit Francesco de 2 ans et demi*, ne s'y est pas trompé avec cette «Lettre à mon fils sur l'amour des livres». (*N.O.*, 1718, 9 / 10 / 1997, p.62)

第5章 不定冠詞を伴う固有名詞

(8) Depuis qu'il est papa d'*un petit Clément de 20 mois*, ses voyages se font plus rares, mais son goût pour l'activité nocturne ne s'est pas démenti : [...] (*L'Express*, 2427, 8/1/1998, p.44)

(7) と (8) における固有名詞を核とする名詞句は同じ構造を持っている．(7) は「Francesco という二歳半の子」，(8) は「Clément という 20 ヶ月の子」という解釈になり，どちらも固有名詞の部分は，統辞的には petit という形容詞と de で始まる前置詞句の支えとして機能しているが，意味的には名前という情報を記述しているに過ぎない．また，les Np で「～家，～夫妻」を表す場合も，「～という名前の人」の集合と解釈できるため，この用法に分類できるであろう (9)．

(9) C'est elle qui a raconté aux gendarmes que *les Tanay* étaient au bord du divorce, que rien n'allait plus dans leur foyer. (*L'Express*, 2427, 8 /1 / 1998, p.25)

1. 2. 分割的用法

固有名詞の本来の指示対象のそのままの姿ではなく，ある一側面を捉えて記述している場合，分割的用法に属する (10, 11)．

(10) La liste en était impressionante, dans le document à eux consacré, de Barrès à Malraux, de Péguy à Gide, de Drieu à Sartre, d'Aragon à Régis Debray. Impressionant aussi, chez un bon nombre, l'idéalisme politique aveuglant l'intelligence des choses. Le cas d'*un Gide écrivant «Retour d'URSS»* est rarissime. (*N.O.*, 1732, 15 /1 / 1998, p.19)

(11) Ses «Essays», dont la version française va paraître en novembre chez L'Harmattan et qui regroupent textes, entretiens, conférences, cours, montrent *un Feldman cordial, rétif aux dogmes, s'étonnant de tout et de soi-même* : tout le contraire d'une force de la nature. (*N.O.*, 1718, 9/10/1997, p.57)

(10) において，un Gide écrivant «Retour d'URSS» という表現は，Gide という固有名詞の通常の指示対象とは異なり，「『ソヴィエト旅行記』を書いていた時のジッド」というジッドの限定された一面を表している．(11) は Morton Feldman という音楽家について書かれたものであるが，un Feldman cordial, rétif aux dogmes,

161

s'étonnant de tout et de soi-même という表現によって，この音楽家そのものを表しているわけではなく，この音楽家のさまざまな側面を表しているのである．次の例においては，前置詞句によって人物の側面が限定されている．

(12) Pour lui, l'horizon de l'existence se dessine sur les bas-côtés et se limite aux voies de garage. Il rappelle *le Brel de Ces gens-là*, «qui font leurs p'tites affaires avec leur pt'it chapeau, avec leur pt'ite auto...». (*L'Express*, 2427, 8/1/1998, p.71)

(13) Jusqu'au jour où, à la suite d'une anicroche et à leur insu, leur route croise le grand banditisme avec autant d'humour, de quiproquos, de théâtralité, de lyrisme (la «Tosca»!) que si *le Chabrol des «Fantômes du chapelier» et de «la Cérémonie»* rencontrait, aux Caraïbes, le Roland Emmerich d'«Independence Day». (*N.O.*, 1718, 9/10/1997, p.50)

(12), (13) とも，「de ＋作品名」という形で固有名詞が限定されている．それにより，固有名詞によって表されている指示対象を，どの時代，あるいはどのような側面において捉えているかが明示されている．また，分割的用法には，次のような例も含まれると考えられる．

(14) Plus d'un sur deux souhaitait même voir Charles abandonner son droit à la Couronne en faveur de son fils aîné, William. L'hebdomadaire satirique *Private Eye* résume alors, dans un photomontage, le sentiment général : *un Tony Blair souvrain* est accueilli à bord du *Britannia*, aux mots de «Bienvenue, Votre Majesté», par... le prince Charles transformé en maître d'équipage. (*L'Express*, 2427, 8 /1 / 1998, p.55)

これまでに見た例では，固有名詞によって表されている指示対象の現実レベルでの断片的側面が問題になっているが，(14) では空想上のレベルが導入されている．すなわち，un Tony Blair souvrain は，ブレア首相が君主になったという架空の姿を描写しているのである．このように，ある人物の側面というのは現実レベルだけでなく，仮想レベルも含みうるのである．

なお，先に掲げた表の統計においては，人物を表す固有名詞しか扱っていないが，地名を表す固有名詞が分割的用法で用いられている例が多く観察されることを指摘しておく (15-17)．

第5章　不定冠詞を伴う固有名詞

(15) Il faut en finir avec l'idée de supériorité. Il serait préférable d'écarter le concept d'*une Europe composée d'entités nationales*, la France, l'Allemagne, la Pologne ..., au profit d'*une Europe des régions*. (*N.O.*, 1717, 2 /10 /1997, p.39)

(16) Cervantès met en scène des hommes et des femmes postmédiévaux, dans *une Espagne qui allait mettre longtemps avant de rejoindre le cours de l'histoire européenne*. (*N.O.*, 1717, 2/10/1997, p.53)

(17) Dans ce livre posthume, le latiniste épris de «l'âme romaine» fait revivre toutes les époques de la Ville éternelle, parcourt *la Rome paléochrétienne* ou *la Rome baroque*, retrouvant les différentes inspirations qui se sont succédé dans le même édifice. (*N.O.*, 1732, 15/1/1998, p.80)

1. 3.　例示的用法

例示的用法とは，限定詞を伴う固有名詞が，「例えば～のような人」と解釈される場合である (18, 19)。

(18) Quelle influence exerce-t-il réellement sur une organisation qui a porté à la tête de sa commission économique *un Denis Kessler*, brillant numéro deux d'Axa-UAP, mais ultralibéral notoire? (*N.O.*, 1718, 9 /10 / 1997, p.27)

(19) Il finit d'ailleurs par avouer à Sancho qu'il n'a jamais vu Dulcinée, qu'il s'est épris d'elle «par ouï-dire». Pur mythe mental. Dulcinée est à Don Quichotte ce qu'*une Callas*, une diva, adorée et vénérée de loin, est aux gays d'aujourd'hui. (*N.O.*, 1717, 2/10/1997, p.59)

(18) の un Denis Kessler は「Denis Kessler のような人」，(19) の une Callas は「マリア・カラスのような人」という例示の解釈になる．これらは，似た性質を持つ人の集合のうちの代表例として示されているが，実際には，これらの固有名詞によって示されている個体そのものが問題になっている場合が多く，いわば「ぼかし」の効果を持っていると言える．この用法は，集合の存在を示唆するため，共通の性質を持つ人物が列挙されることがある (20-22)．

(20) Comme idéaux, il ne nous reste que la démocratie, les droits de l'homme et la justice sociale, pour lesquels se battent *un Jospin, un Blair* ou *un Clinton*...

163

(N.O., 1717, 2 /10 / 1997, p.7)

(21) Il n'est pas de monarque qui n'ait besoin d'un personnel pour le servir et pour exécuter ses ordres ; pas *de Louis VI* sans Suger, pas *d'Henri IV* sans Sully, *de Louis XIII* sans Richelieu, *de Louis XIV* sans Colbert... (N.O., 1718, 9 /10 / 1997, p.12)

(22) Et si les deux écrivains ont en partage l'approche fine et sensible des méandres du cœur, si leur perception de la souffrance («Le temps ne passe pas, c'est la douleur qui croît») est très voisine, Williams ne se refuse aucun des élans lyriques qui furent ceux d'*un Yeats* ou d'*un Synge*. (*L'Express*, 2427, 8 /1 /1998, p.72)

1. 4. 隠喩的用法

隠喩的用法とは，限定詞を伴う固有名詞が，「〜のような人，〜と似た性質を持つ人」と解釈される場合である．一見，例示的用法と類似しているように思われるかもしれないが，例示的用法が固有名詞の本来の指示対象と同じ指示対象を含意するのに対し，隠喩的用法は固有名詞の本来の指示対象を含意していないという点で異なっている[6] (23).

(23) «Don Quichotte» capturait par ce mélange, justement. C'était un livre qui complétait la vie et me faisait en chercher la confirmation dans la réalité, guettant dans les rues où je marchais ici *un Sancho*, là *un Juan Haldudo*, là encore *un Ginésille de Paropillo*, libéré de ses chaînes, à la recherche de sa jeune sœur. (N.O., 1717, 2 /10/1997, p.54)

(23) における un Sancho, un Juan Haldudo, un Ginésille de Paropillo は，それぞれ，『ドン・キホーテ』の登場人物である，「サンチョ・パンサ」,「ホアン・アルドゥード」,「ヒネシーリョ・デ・パラピーリャ」を指示しているのでもなければ，これらの人物を指示対象として含意しているわけでもない．これらの表現は，本来

---

[6] GARY-PRIEUR (1994) は，例示的用法の場合，クラスが潜在的で，唯一現実的な表象が固有名詞本来の指示対象であるのに対し，隠喩的用法の場合，クラスが現実的で，そこから固有名詞の本来の指示対象とは違う個体が選ばれると説明している．一方，JONASSON (1994) は，例示的用法は隠喩化への第一歩をなしているが，隠喩的用法の固有名詞が本来の名前の持ち主と違う指示対象に適用されるという点で二つのタイプは異なっているとしている．しかしながら，JONASSON (1994) は隠喩的用法のクラスから固有名詞の本来の指示対象を排除しておらず，固有名詞の本来の指示対象が隠喩的用法のクラスに含まれないとする GARY-PRIEUR (1994) とは意見が対立している．

第5章　不定冠詞を伴う固有名詞

の指示対象からは離れて，本来の指示対象が持つ性質と似た性質を持つ人を表しているのである．また，この点も例示的用法と違う点であるが，隠喩的用法は，固有名詞の本来の指示対象とは違う人物を問題にしているため，修飾語を補うことによって，本来の指示対象と異なる部分を修正するということが行われる (24, 25)．

(24) Dans un petit village iranien, la haine séculaire de deux familles. Pour se réconcilier, elles tentent de marier leurs aînés, Karamat et Mehbanou. En vain. Car *les pseudo-Roméo et Juliette* s'abhorrent allègrement. (*L'Express*, 2426, 1 /1 /1998, p.77)

(25) «Fidel, c'est le père de la révolution et des Cubains, disent les hommes d'ici. Camilo Cienfuegos [héros national], c'est notre frère. Et le Che... C'est l'idole!» Le temps n'a pas entamé l'incroyable fascination pour le Che. Il reste *ce Christ sans Dieu qui prêchait l'homme nouveau*. (*N.O.*, 1717, 2 /10 /1997, p.12)

(24) では，Karamat と Mehbanou という政略的に結婚させられた夫婦が，仲が悪いため，「ロミオとジュリエット」をもじって，「偽ロミオとジュリエット」と名付けられている．(25) は，キューバ革命の貢献者 Ernesto 'Che' Guevara をキリストになぞらえて，「新たな人類を説いた神のないキリスト」と称しているのである．また，次の例の固有名詞は掛詞になっている．

(26) Contre Goliath, *ce David-là* mène un combat toujours aussi inégal. (*L'Express*, 2426, 1 /1 /1998, p.71)

この文は，イスラエルの文学者 David Grossman に関するものであるが，ce David-là という表現は単にこの人物の名前を述べていると解釈できる一方で，牧童の身で巨人ゴリアテを石投げ器で倒したことをきっかけにイスラエルの王となったダヴィデに喩えられていると解釈できる．

1. 5. 換喩的用法

芸術作品や文学作品をその作者の名前によって表している場合が換喩的用法である (27, 28)．

(27) «Un jour, ma mère m'a donné de l'argent et m'a dit : "Tiens, tu vas aller t'ache-

165

ter un piano." J'étais tout gosse, j'avais 12 ans. Je suis allé chez Steinway ; il y en avait beaucoup. J'en ai choisi un, et ma mère a eu bien du mal à le payer.» Il ajoute : «Je l'ai toujours. C'est mon piano : il ne joue que *du Feldman*.» (*N.O.*, 1718, 9/10/1997, pp.56-57)

(28) Il a inventé le loto pour les biens culturels (l'argent ira à la restauration des chefs-d'œuvre en péril, et Dieu sait s'il y en a), et le sauvetage de Pompéi par un «city manager» venu du privé pour lutter contre une administration aussi étouffante qu'incompétente. Il a fait «adopter» des films en danger de disparition par les municipalités, qui les restaurent à leurs frais et en font la promotion : *les vieux Rossellini, les vieux Visconti*. (*N.O.*, 1718, 9/10/1997, p.11)

(27) で語っているのは音楽家 Morton Feldman であるが，ここでの du Feldman は「Feldman の音楽」を表している．(28) の les vieux Rossellini, les vieux Visconti は「ロッセリーニ，ヴィスコンティが監督した古い映画」と解釈できる．次の例も換喩として解釈することができるであろう．

(29) Surtout — et le débat actuel sur les «crimes» du communisme leur donne un relief singulier — il avait, à partir de 1922, exprimé des critiques pertinentes sur les dérives du bolchevisme. Il dénonçait l'«opportunisme» des compagnons de Lénin, leur «avance vers *le Mussolini*» et écrivit en 1923 pour *La Vie* socialiste que «fascisme et bolchevisme sont [...] non pas des formes de civilisation et de progrès, mais des événements survenus dans des peuples encore mal organisés». (*L'Express*, 2426, 1/1/1998, p.70)

(29) の le Mussolini は「ムッソリーニ自身」を表しているというより，むしろムッソリーニと深く結びついている思想，すなわち，「ファシズム」を表していると解釈できる．

1.6. 本質的用法

本質的用法とは，限定詞を伴った固有名詞の指示対象が，固有名詞の本来の指示対象と全く同じであると考えられる場合である (30)．

(30) On le sait aujourd'hui : Flaubert était une femme. N'a-t-il un jour prétendu que

la Bovary, c'était lui? (*N.O.*, 1732, 15 /1 /1998, p.81)

(30) において, la Bovary は「あのボヴァリー夫人」と解釈され, ボヴァリー夫人が既知の人物として示されている. しかしながら, この用法においては, (30) のように何も形容詞を伴っていない例は稀であり, ほとんどの例が前置された形容詞を伴っている (31).

(31) Dans cette agréable et fraîche brasserie, ancrée aux abords de l'Etoile, faisant partie de la flotte des restaurants de Guy Savoy, on peut se goberger des huîtres de Prat-ar-Coum d'Yvon Madec, de celles de Cancale de Michel Daniel, d'Isigny d'André Taillepied ou de Marennes-Oléron *du fameux Gérard Gillardeau*. (*L'Express*, 2426, 1 /1 /1998, p.78)

(31) では, fameux という形容詞により, Gérard Gillardeau が周知の人物として提示されている. また, 次の例では, 既に先行文脈で現れた人物が, même という形容詞を伴って繰り返されている.

(32) Un jour, la diplomatie américaine saute sur les mines antipersonnel : après avoir annoncé au monde entier que «nos enfants méritent de marcher sur la terre en toute sécurité», *Bill Clinton* refuse finalement de signer le traité, sous la pression de ses généraux. Quelques jours plus tard, *le même Clinton* déclare avec emphase que les Etats-Unis vont enfin payer l'essentiel de leur dette à l'ONU, ce qu'il avait déjà promis un an plus tôt. (*N.O.*, 1718, 9 /10 /1997, p.34)

(33) Dans son costume de patron du CNPF, *Jean Gandois* montre les dents pour dénoncer la grave erreur que représenterait un passage aux 35 heures sans réduction de salaires. Mais *le même Jean Gandois*, toujours PDG de Cockerill Sambre (numéro un de la sidérurgie belge), prépare une réduction du temps de travail pour l'ensemble des salariés, sans toucher à la feuille de paie : 34 heures payées 37, avec un gel des salaires et 150 embauches à la clé. (*N.O.*, 1717, 2 /10 /1997, p.23)

(32) においては, Bill Clinton が次に登場するときには le même Clinton という表現に変わっている. これらの表現の指示対象の間に違いはないが, 前のクリント

ン大統領と後のクリントン大統領の行動が大きく異なっている.ここで現れている形容詞mêmeは,同じ人物でありながら,行動が違うことを強調していると言える. (33) のJean Gandoisとle même Jean Gandoisも全く同様である.
さらに,この用法においては,固有名詞の指示対象が持つ特徴を前置形容詞によって表している例が少なくない (34, 35).

(34) *Le jeune Walter*, 42 ans, est ainsi apparu comme un extraterrestre dans le monde figé de la politique italienne. (*N.O.*, 1718, 9 /10 /1997, p.11)

(35) Gruchet-le-Valasse, Normandie. *La petite Emilie* meurt foudroyée, le 11 juin 1994. (*L'Express*, 2427, 8 /1 /1998, p.17)

これらの例においては,形容詞はどちらも年齢的な特徴を表している. (34) において「若い」ことはWalterの本質的特徴であり, (35) において「幼い」ことはEmilieの本質的特徴であると解釈できる.また,次の例では,前置形容詞が内面的特徴を表している.

(36) A chaque instant, on s'attendait à voir surgir des personnages d'un autre temps, des gueux, des échappés de la chiourme, de vraies princesses habillées en bohémiennes et des filles perdues déguisées en princesses — et, bien sûr, la haute stature de l'hidalgo, égaré dans cette cour, pour quelque chimère, suivi de *son fidèle Sancho*. (*N.O.*, 1717, 2/10/1997, p.54)

(37) Hillary pourra toujours, certes, envier la popularité de quelques prédécesseurs peu sujettes aux controverses : *l'adorable Mamie Eisenhower*, *l'affectueuse Barbara Bush*, connue pour sa campagne contre l'illettrisme, et Besse Truman, qui avait ainsi défiini son job : «Harry dirige le pays et, moi, je retourne les côtes de porc.» (*L'Express*, 2426, 1 /1 /1998, p.13)

(38) «Il n'y a pas de tableaux, il n'y a que des décorations», proclamaient les peintres nabis. Leur volonté de supprimer la frontière entre arts majeurs et arts appliqués se retrouve plus que jamais dans la rétrospective consacrée à l'un d'eux : *le génial Ranson* (1861-1909). (*L'Express*, 2426, 1 /1 /1998, p.76)

以上に見られるような,固有名詞の指示対象の本質的特性を表している形容詞は,いわば固有名詞と融合しており,愛称や称号のように働いていると考えられる.

なお，統計には含まれていないが，à la Np で「〜風の」を表す例がいくつか見られたので，その例を挙げて本節をしめくくることにする (39-41)．

(39) Cette stratégie de puissance «*à la Bismarck*», sans réelle volonté d'impérialisme, a été clairement définie par l'administration Clinton en 1993 : c'est une doctrine de l'«élargissement» (enlargement). (*N.O.*, 1718, 9 /10 /1997, p.36)

(40) Ils n'aiment ni le cubisme, rupture esthétique qui se fait l'écho du bouleversement de la société, de la guerre et de l'industrialisation, ni le pop art *à la Warhol*, qui témoigne de l'avènement de la société de consommation. (*L'Express*, 2426, 1 /1 /1998, p.62)

(41) En revanche, j'ai trouvé Christian Blanc excellent comédien dans le film «les Médiateurs du Pacifique». Il a beaucoup d'autorité et un genre *à la Spencer Tracy*. Oui, Christian Blanc est un mec «tracysien». (*N.O.*, 1718, 9 /10 /1997, p.51)

これらの例は，固有名詞の本来の指示対象の性質が関わっているという点では，隠喩的用法に近いと言えるであろう．

2. 固有名詞における記述機能と指示機能

既に序章において解説したとおり，名詞句には記述機能と指示機能という二つの機能が存在する．一つだけ例を挙げると，

(42) *Le meurtrier de Smith* est fou. (KLEIBER, 1981, p.222)

には「スミスを殺した者は誰であれ気違いである」と「スミスを殺害した人物であるＸ氏は気違いである」という二つの読みがある．前者は le meurtrier de Smith という名詞句の記述機能が重視された読みであり，後者はこの名詞句の指示機能が重視された読みである (cf. DONNELLAN, 1966)．

固有名詞に関しては，通常，指示機能しか認められないが，朝倉 (1967) は，Judas は「裏切る」，Othello は「嫉妬深い」のように，人を表す固有名詞がある特性を引き出しやすく，形容詞的に用いられることがあることを指摘している (43-46)．

(43) Les hôtes de Dumas étaient plus *Monte-Cristo* que Monte-Cristo lui-même.

(MAUROIS, *Trois Dumas*, p.300, cité par 朝倉, 1967, p.101)

(44) Il me semble que je m'approche ainsi du Balzac le plus *Balzac*. (ALAIN, *Balzac*, p.39, cité par 朝倉, 1967, p.101)

(45) RAFAEL, *Othello* : Alors, qui est venu? (ACHARD, *Nouvelle histoire d'amour*, p.110, cité par 朝倉, 1967, p.102)

(46) Me voilà, plus *Crusoé* que jamais, passant mes journées en tête à tête avec cet intéressant volatile. (A. DAUDET, *Petit Chose*, I, p.1, cité par 朝倉, 1967, p.102)

これらの例においては，固有名詞が記述機能を持っていることが観察される．次の二つの例においても，固有名詞が記述的に用いられている．

(47) *Laforgue* vient de découvrir *Laforgue*. (GARY-PRIEUR, 1994, p.45)

(48) *Goethe* ne serait plus *Goethe* si l'inquiétude et la souffrance avaient ajouté le pathétique de quelques rides au calme patiemment acquis de cette admirable effigie. (A. GIDE, cité par GARY-PRIEUR, 1994, p.45)

これらの例において，それぞれ最初のLaforgue, Goetheは指示的に用いられているのに対し，二番目のLaforgue, Goetheは記述的に用いられている．すなわち，(47) の二番目のLaforgueは，Laforgueの本来の指示対象を指示しているというわけではなく，IMOTO (1996) が指摘しているように，この個体と結びついている特性が関わっているのであり，ラフォルグのラフォルグたるゆえんともいうべき，一般的に抱かれているラフォルグの典型的なイメージを表しているのである．(48) の二番目のGoetheについても同様のことが言える[7]．

また，次の例の固有名詞においては，記述機能と指示機能の両方が働いているのが観察される．

(49) Dans «Harry dans tous ses états», le héros dialogue avec un copain : «On voulait tous les deux être *Kafka*, dit ce dernier. — Je suis devenu le cafard», répond Woody Allen. (*N.O.*, 1732, 15/1/1998, p.77)

この例において，Kafkaを含む文は，「我々は二人ともカフカになりたかったのだが，それはまさしくカフカがカフカだからである」という分析が可能であり，こ

---

[7] (47), (48) の例において固有名詞が記述機能を果たしているのは統辞的位置によるところが大きく，とりわけ (48) ではêtreの属詞として現れていることからも明らかである．

第5章　不定冠詞を伴う固有名詞

の分析においては，カフカ自身と同時にカフカの持つ性質，言い換えればカフカの内包ともいうべきものが問題にされている．

3. 固有名詞の隠喩的解釈

次の例は，(49) の Kafka に不定冠詞を加えたものである．

(50) On voulait tous les deux être *un Kafka*.

この文が表しているのは「カフカになりたかった」という意味ではなく，「カフカのような人物になりたかった」という隠喩的な意味である．すなわち，(50) において，un Kafka は無冠詞の Kafka によって表される本来の指示対象を指示しているのではなく，カフカの持つ性質のみを問題にしているのであり，記述機能が前面に現れている．次の (51), (52) においても同様に，不定冠詞付きの固有名詞は隠喩的に用いられている．

(51) A l'hôtel Canal, qui sert de quartier général à l'ONU, la cohabitation est difficile entre les inspecteurs chargés du désarmement, qui occupent le deuxième étage, et les observateurs humanitaires des Nations unies, qui sont installés au premier. Dans les couloirs de l'Unscom, on traite les humanitaires de *«bunny huggers»* (câlineurs de petits lapins)... Tandis qu'au premier étage on reproche aux voisins du dessus de voir en chaque Irakien *un «petit Saddam»*. Seul «territoire» nécessairement partagé : le bar, au rez-de-chaussée. (*L'Express*, 2426, 1/1/1998, p.52)

(52) «Don Quichotte» capturait par ce mélange, justement. C'était un livre qui complétait la vie et me faisait en chercher la confirmation dans la réalité, guettant dans les rues où je marchais ici *un Sancho*, là *un Juan Haldudo*, là encore *un Ginésille de Paropillo*, libéré de ses chaînes, à la recherche de sa jeune sœur. [=(23)]

(51) において，上の階の住人はあらゆるイラク人をサダム・フセインと同定しているわけではなく，いわば格下のサダム・フセインのような人間と見なしているのであり，(52) においては，街中で見られるのは，サンチョ・パンサをはじめとする『ドン・キホーテ』の登場人物そのものではなく，彼らのような性格をした人々である．

171

また，次の例では，固有名詞の本来の指示対象との質的なずれを調整するために，不定冠詞付きの隠喩的固有名詞が形容詞などの修飾語を伴っている.

(53) Pour tous, Bashung renvoie d'abord à *Gaby* (1980), «surnom donné aux homos, mais prénom unisexe». *Gaby, oh Gaby,* «bien plus belle que Mauricette / belle comme un pétard qu'attend plus qu'une allumette», dévoile «un exercice cohérent de surréalisme». Ce tube inattendu — 1 million de 45-tours vendus — l'extirpe du désert de la variété. «Longtemps on a voulu faire de moi *un Tom Jones flou*.» (*L'Express*, 2427, 8/1/1998, p.63)

(54) Un Buster Keaton lunatique (*N.O.*, 1772, 22/10/1998)

(55) il nous semble, en entendant cette parole virile, décidée, que cette tête forte et sanguine vous jette en marchant, en se tournant, en gesticulant, — une boutade, un trait, une couleur, un souvenir peint et frappé, quelque chose de pesonnel, de décisif et de généralement pensé et senti, sur tout, — il semble entendre comme *un Napoléon-femme*. Et dans cette femme mâle, un grand charme d'affectuosité, comme échappée et brutale ; des attentions, les plus petits soins d'affection et de souvenirs, une occupation des gens, qui touche dans cette nature un peu dure au dehors et qu'on sent très tendre au dedans. (E. & J. GONCOURT, *Journal : 1864-1878*, Discotext)

(53) においては，人々がAlain Bashungから作り出そうとしたのはTom Jonesそのものではないのは勿論のこと，完全にTom Jones的な人物でもない．人々が求めていたのは「つかみ所のないTom Jones」という新たな性質の個体である．すなわち，flouという形容詞によって，Tom Jonesとは違う特性が付与されているのである．(54) はある記事のタイトルであるが，Buster Keatonについてではなく，Roland Dubillardというコメディアンについての記事である．これは，Buster Keaton的性質にlunatiqueという特徴が付け加えられ，全体でRoland Dubillardを隠喩的に表現しているのである．(55) においては，ナポレオンが男性であるため，ナポレオン的性質を持つ女性を言い表すために，femmeという語を補って，いわば「女ナポレオン」という表現が用いられている．

このような隠喩的解釈の固有名詞は必ずしも不定冠詞とともに現れるわけではなく，複数形の定冠詞とともに現れて集合を表すこともある．次の例,

第5章 不定冠詞を伴う固有名詞

(56) L'harmonie est son œuvre auguste sous les cieux ; elle ordonne aux roseaux de saluer, joyeux et satisfaits, l'arbre superbe ; car l'équilibre, c'est le bas aimant le haut ; pour que le cèdre altier soit dans son droit, il faut le consentement du brin d'herbe. Elle égalise tout dans la fosse ; et confond avec les bouviers morts la poussière que font *les Césars* et *les Alexandres* ; elle envoie au ciel l'âme et garde l'animal ; elle ignore, en son vaste effacement du mal, la différence de deux cendres. (V. HUGO, *Légende des siècles*, Discotext)

において，les Césars, les Alexandres は複数形であるため，無論，それぞれカエサル，アレクサンドロス大王を指示しているわけではない．これらの固有名詞においても，記述機能が働いており，les Césars, les Alexandres は，それぞれ隠喩的な un Césars, un Alexandre を元とする集合を表している．このような集合は発話の場で構築されるものであると考えられる[8]．

これらの隠喩的な un Np, les Np は固有名詞が何らかの形で内包を持つことを前提としている．次の例は固有名詞の内包について考える上で示唆的である．

(57) Pourquoi n'avez-vous pas *de Bill Gates*? Pourquoi l'Europe a été incapable, au cours des vingt dernières années, de créer des entreprises comme Compaq, Intel ou Microsoft? (*N.O.*, 1718, 9 /10 /1997, p.16)

これは，Laster Thurow というアメリカの経済学者が Nouvel Observateur のインタビューアーに投げかけた疑問である．この例において，ビル・ゲイツらしさを持った人物の存在は否定されているが，ビル・ゲイツらしさの存在は決して否定されているわけではない．したがって，論理的前後関係 (relation chrono-logique) において，隠喩的な un Np に先行して，内包を表す何らかの形の Np が存在していると考えられる．この形が部分冠詞を伴った Np であることを次節で論ずる．

---

8 固有名詞は複数形として用いられても通常 s は付かないが (i)，
   (i) On distingue *les Richelieu, les Frédéric, les Napoléon, les Cavour, les Bismark...* peut-être Gambetta a-t-il construit le personnel. (M. BARRÈS, *Mes Cahiers*, Discotext)
   (56) においては s が現れている．その意味では，Alexandre, César は語彙化が進んでいると言える．実際，César は小文字で綴られ「皇帝」の意味で普通名詞として用いられうる(ii)．
   (ii) Des caporaux ivres roulèrent avec le pied dans une fosse commune les crânes de neuf *césars*. Voilà ce que fit Louis Xiv en 1693. (V. HUGO, *Le Rhin : lettres à un ami*, Discotext)
また，JONASSON (1991, 1994) は，ある程度語彙化が進んでいる固有名詞として，Don Juan, Don Quichotte, Hercule, David, Goliath, Tartuffe, Harpagon, Messaline などを挙げている．

4. 部分冠詞による内包の付与 [9]

次の例において固有名詞は部分冠詞を伴って現れている.

(58) Le sergent-major leur fit toucher ma boîte osseuse, analysa la coupe de mon visage, et leur prouva sans réplique que j'avais *du Napoléon* dans le nez, dans les lèvres, dans le regard. Quand il eut fini sa démonstration : — camarades, dit-il, nous avons pour capitaine un facteur à la halle aux huîtres. C'est dégradant pour la compagnie, qui ne doit aucune espèce d'épaulettes aux mollusques. Voici un candidat qui a *du Napoléon* dans l'œil ; c'est notre homme. Celui qui est mort à Sainte-Hélène approuverait ce choix : il le bénira du haut de la colonne. Vive le capitaine Paturot ! —vive le capitaine Paturot ! Répétèrent les dix fournisseurs de la maison. (L. REYBAUD, *Jérôme Paturot*, Discotext)

(59) De la grosse côte, molle et chaude, celle que préfèrent les charpentiers, les sculpteurs, les amoureux de ce bois dont on fait les flûtes enchantées, les poutres faîtières ou les marionettes. Il y a du compagnon du tour de France chez Baldet, mais aussi *du don Quichotte* en guerre contre toutes les injustices, toutes les erreurs, tous les moulins à vent. Dans le monde des poupées à gaine comme dans celui des hommes en pied, un et un font rarement deux et il importe de remettre les calculettes à zéro. (*L'Express*, 2426, 1 /1 /98, p.80)

(58) においては，du Napoléon という表現が二度登場するが，部分冠詞を伴っているため，本来の指示対象であるナポレオンを指示しているとも，ナポレオンのような人物という個体を表しているとも解釈できない．これは「ナポレオンらしさ」を表しているのであり，ナポレオンの持つ性質を問題にしているのである．(59) の du don Quichotte も同様であり，「ドン・キホーテらしさ」という意味で用いられている．これらの例における du Np は，部分冠詞によって，固有名詞に内包が付与されていることを示していると考えられる．そして，ここから，隠喩的な un Np や les Np に発展するものと推測される．

---

9 (43-48) の例が示すように固有名詞は単独でも内包を表す可能性を持っているため，この「付与」という語は完全に内包のないものに部分冠詞によって内包が与えられるという意味ではなく，「抽出」という語で置き換えても分析は基本的に同じである．しかし，固有名詞の基本的機能は指示機能であり，普通名詞のように本来的に記述機能を備えているとは考えにくいので，「抽出」ではなく「付与」という語を用いている．

174

第5章　不定冠詞を伴う固有名詞

部分冠詞を伴った固有名詞に関しては，GARY-PRIEUR (1994) において興味深いことが指摘されている．次の二つの例，

(60)　Il y a *de la Messaline* en Marie. (p.175)
(61)　Il y a *du Messaline* dans ce meurtre. (*ibid.*)

において，どちらにも Messaline というローマ皇帝クラウディウスの妃の名が用いられているが，(60) では部分冠詞が女性形で現れているのに対し，(61) では部分冠詞が女性形で現れていない．GARY-PRIEUR (1994) は，この違いについて，(60) では Messaline と Marie という人同士の比較が問題となっているのに対し，(61) では人と出来事を問題にしていることを指摘したうえで，(60) は隠喩であり，(61) は「メッサリナの行動，ふるまい」を表す換喩であるとしている．しかし，通例，固有名詞に関して換喩といった場合に想起されるのは，

(62)　On a eu *du Colette* à l'examen. (GARY-PRIEUR, 1994, p.178)
(63)　Il entend jouer *du Molière*, puis *du Corneille*, mais pas la moindre cantate. (E. & J. GONCOURT, *Journal : 1864-1878*, Discotext)
(64)　C'est mon piano : il ne joue que *du Feldman*. (*N.O.*, 1718, 9/10/1997, p.57)
(65)　Paul a acheté *un Matisse*. (KLEIBER, 1994, p.124)
(66)　Paul a acheté *un Rodin*. (*ibid.*)

のような例であり，固有名詞によって表されるものが，文章や演劇や音楽であったり，あるいは絵や彫刻といった具体的な作品であるのが一般的であるように思われる．(61) の例は，このようなケースとは明らかに異なっている[10]．

また，GARY-PRIEUR (1994) は，(61) の例において現れている男性形の部分冠詞は，女性形と対立する真の男性形ではなく，性の区別が中和されたものであるとし，次のような図式化を行っている．

(67)　du Np = de （ x_i　qui s'appelle / Np /　V　x_j ）$_{SN}$　(p.172)[11]
　　　　　　　　　　source　　　　　　　　　résultat

10　GARY-PRIEUR (1994) は (61), (62) の例をどちらも換喩的解釈であるとしているが，質的解釈 [= (61)] と量的解釈 [= (62)] という細分化を行っている (cf. pp.178-191)．
11　GARY-PRIEUR (1994) はこの図式を (61), (62) のどちらのタイプにも当てはまるものとして示している．

175

この図式において，du Np は，ある名前 (/Np/) を持った個体x_i が x_j を作り出している (V [= 動詞]) という，いわば命題内容の縮約されたものであるため，性の区別の中和が行われているのであると GARY-PRIEUR は主張している．しかしながら，(61) における性の中和を説明するためにこのような複雑な装置を考える必要はないように思われる．(61) において性が中和されているのは，部分冠詞によって内包が付与されているからであると考えられる．すなわち，内包自体に性の区別がないため，固有名詞と部分冠詞の間での性の一致は問題となりえないのである．

次の二つの例では，どちらにも du Mozart という名詞句が現れているが，その解釈は大きく異なっている．

(68) Mais, en ce moment, une voix purement timbrée s'éleva dans les airs. Le pianiste était doublé d'un chanteur. Paganel écouta sans vouloir se rendre. Cependant après quelques instants, il fut forcé de reconnaître l'air sublime qui frappait son oreille. C'était il mio tesoro tanto, du Don Juan. "parbleu! Pensa le géographe, si bizarres que soient les oiseaux australiens, et quand ce seraient les perroquets les plus musiciens du monde, ils ne peuvent pas chanter *du Mozart*!" puis il écouta jusqu'au bout cette sublime inspiration du maître. (J. VERNE, *Les Enfants du capitaine Grant*, Discotext)

(69) Agir de la sorte, c'est bien *du Mozart*! (GARY-PRIEUR, 1990, p.176)

(68) の du Mozart は一般的な意味での換喩であり，モーツァルトの音楽という意味で用いられている．それに対し，(69) は映画『アマデウス』を見た後の発話として想定されているが，この文における du Mozart はモーツァルトの音楽を意味しているのではなく，モーツァルトの性格，才能，態度といったモーツァルトにかかわる全ての性質，すなわち内包を表している．したがって，(69) の du Np における部分冠詞は，固有名詞への内包の付与を明示しているのである．(61) においても全く同様の解釈が可能である．すなわち，du Messaline は，メッサリナの行動やふるまいそのものではなく，メッサリナの内包を表しているのである．この部分冠詞による内包付与という分析の妥当性は以下のような例によって強められるように思われる．

(70) Cette plaisanterie, c'est bien *du Louis*! (GARY-PRIEUR, 1990, p.185)
(71) *Cette plaisanterie est *du Louis*. (KLEIBER, 1994, p.121)

(70) の指示代名詞 ce を省いた例である (71) が容認不可であるということから言えることは，du Louis が表しているのがルイの冗談そのものではないということである．この点が換喩的な du Np と大きく異なる点であり，例えば，(68) の du Mozart はモーツァルトの音楽そのものを表している．一方，(70) は冗談の質がルイらしいということを述べているのであり，ルイの内包が問題となっているのである．また，

(72) Cette casquette, c'est bien *du Louis*. (GARY-PRIEUR, 1994, p.184)
(73) *Cette casquette, c'est bien *un Louis*. (*ibid.*)

において，帽子のような数えられる具体物がかかわっている場合でも，un Louis は容認されない．なぜならば，ここで問題となっているのは，帽子そのものではなく，ルイの帽子のかぶり方，あるいはルイの帽子の趣味といったルイの性質にかかわることであるからである．実際，GARY-PRIEUR (1990)[12] は，このような du Louis について次のような説明を行っている．

「[...] ルイらしさ (du Louis) とは，『ルイをルイたらしめるものすべて』である．」[13]

この説明は，MARTIN (1986) における内包指示の le chat に関する以下の説明と共通するものである．

「[...] le chat において，le は chat の内包，すなわちネコをネコたらしめる属性の集合を指示している．」[14]

したがって，du Np は Np の本来の指示対象の内包を表していると言える．

5. 固有名詞における論理的前後関係

前節で考察したように，内包を付与された du Np から隠喩的な un Np, les Np が

---

[12] GARY-PRIEUR (1990) では un (camion) Renault のように普通名詞が省略されていると考えられるもののみを換喩と呼んでいるため，GARY-PRIEUR (1994) と異なり，(61), (62) のような例はどちらも換喩として扱われていない．
[13] «[...] du Louis, c'est "tout ce qui fait que Louis est Louis"» (GARY-PRIEUR, 1990, p.186)
[14] «[...] dans *le chat*, il [= l'article défini *le*] renvoie à l'intension de *chat*, c'est-à-dire à l'ensemble des propriétés qui font qu'un chat est un chat.» (MARTIN, 1986, p.190)

177

生じていると考えられるが，その論理的前後関係は表 (I) のように表すことができるであろう[15]．表中の括弧付きの数字は対応する例文を表している．

(I)

référent initial	intension	extension (emploi métaphorique)	
		continu	discontinu
Ø Np	du Np (74)	du Np (78) de la Np (75)	un Np (79) — les Np (80) une Np (76) — les Np (77)

まず，無冠詞の Np によって本来の指示対象が示され，これに部分冠詞が付くことによって内包が付与される (74)．

(74) Il y a *du Messaline* dans ce meurtre. [=(61)]

この段階においては性の区別に関しては未分化であるため全ての固有名詞に対して部分冠詞は du という形で現れる[16]．これが次の段階の外延の世界においては，部分冠詞は女性形の固有名詞に対しては一致して女性形になる (75)．

(75) Il y a *de la Messaline* en Marie. [=(60)]

この de la Np が外延の世界に属することは，

(75´) Il y a *un peu de (beaucoup de, une bonne dose de...) Messaline* en Marie. (GARY-PRIEUR, 1994, p.176)

において，量的な表現での言い換えが可能なことから確認される．この部分冠詞によって表される性質が人に当てはめられると不定冠詞が現れ (76)，

(76) Tu as tort de t'inquiéter de Putzel. Elle va très bien, ses fureurs amoureuses

---

15 換喩的解釈の固有名詞は本章の分析対象ではないため表 (I) には含まれていない．
16 GARY-PRIEUR (1994) における次のような例，
   (i) Il y a *du Artaud* dans ces poèmes. (p.177)
   (ii) Il y a *de l'Artaud* chez Pierre. (*ibid.*)
が示しているように，母音で始まる固有名詞の場合でも最初の段階での内包付与においては部分冠詞はエリジオンを起こさず du の形で現れている．

第5章 不定冠詞を伴う固有名詞

étant calmées. Mais, madame, c'était, il y a quelques jours, *une véritable Messaline*. (G. FLAUBERT, *Correspondance 1875 à 1876*, Discotext)

さらに，この une Np が集まることによって les Np という集合が作られる (77)．

(77) Dans cette galerie de figures symboliques qu'est le "monde", les femmes véritablement légères, *les Messalines complètes*, présentent toujours l'aspect solennel d'une dame d'au moins soixante-dix ans, hautaine, qui reçoit tant qu'elle peut, mais non qui elle veut, chez qui ne consentent pas à aller les femmes dont la conduite prête un peu à redire, à laquelle le pape donne toujours sa "rose d'or", et qui quelquefois a écrit sur la jeunesse de Lamartine un ouvrage couronné par l'Académie française. (M. PROUST, *La Recherche : Le Côte de Guermantes 1*, Discotext)

この段階に至ると，固有名詞はもはや固有名詞から遠ざかり，普通名詞化の一歩手前の段階にあると言えよう．また，このような論理的前後関係は無論男性形の固有名詞にも当てはまり，隠喩的な用法における論理的前後関係は，Napoléon を例にとると以下のような順序で示されるであろう[17]．

(78) Aux gens qui s'étonnent, il répond : "je suis un grand artiste, j'ai la couleur de Delacroix, et je compose. Une toilette vaut un tableau." si l'on s'irrite de ses exigences : "monsieur, dans tout artiste il y a *du Napoléon*. Quand M Ingres peignait la duchesse d'A, il lui écrivait le matin : "madame, j'ai besoin de vous ce soir au théâtre, en robe blanche, avec une rose au milieu de la coiffure." (H. TAINE, *Vie et opinion de M. Frédéric-Thomas Graindorg*, Discotext)

(79) Pour perdre à jamais le facteur aux huîtres, dont il me destinait la survivance, il dessina sa caricature dans tous les corps-de-garde, et le doua d'un nez fabuleux qui lui enleva quarante voix. En même temps, il persistait dans la prétention de faire de moi *un Napoléon* ; il me croquait en petit chapeau, en redingote grise, les mains derrière le dos, de mille manières. (L. REYBAUD, *Jérôme Paturot*, Discotext)

---

17 男性形の固有名詞の場合，母音で始まるものを除いては形態的な違いがないため，最初の段階での内包付与の du Np と隠喩的な du Np の間で必ずしも明確な区別ができるわけではない．

(80) Les autrichiens, se plaignant de l'infraction de traités, passant tout à coup l'Inn à Braunau : on leur avait reproché leur lenteur, ils voulurent faire *les Napoléon* ; cette allure ne leur allait pas. (F.-R. DE CHATEAUBRIAND, *Mémoires d'Outre-Tombe*, Discotext)

以上が固有名詞における論理的前後関係であるが，このような特徴は，FURUKAWA (1986) において示されている普通名詞の論理的前後関係を表す表 (II) との比較から一層明らかになる．

(II)

langue	discours					
	pré-extensité	extensité				
	pseudo-générique	générique	gén.	non-spéc.	spéc. ind.	par.
ØN	le N	les N — les N	un N —	un N —	un N	le N
			des N —		des N	les N
			du N —		du N	le N

(FURUKAWA, 1986, p.80)

普通名詞は本来的に内包を持っているため，定冠詞によって直接その内包を指示することができるのに対し，固有名詞は本来内包を持たないため，定冠詞によって直接内包を指示することが不可能であり，まず部分冠詞によって内包を付与する必要がある．また，普通名詞の場合，クラスが存在するという前提があり，そこから個体を取り出すことができるが，固有名詞の場合，クラスの存在前提がなく，個体を一つ一つ足していくことによって初めて集合が構築されるのである．

5. 結語

本章では言語学的見地から固有名詞と内包の関係について考察を行った．固有名詞は本来内包を持たず指示的に用いられるが，部分冠詞を伴うことによって内包が付与され，記述機能が前面に現れる．さらにそこから隠喩的な解釈に発展し，集合を成すまでに至る可能性を持っている．固有名詞と普通名詞との違いは論理

第5章 不定冠詞を伴う固有名詞

的前後関係を考慮することにより明らかとなる．すなわち，普通名詞には内包が存在するという前提があるのに対し，固有名詞には本来内包が存在しないため，普通名詞のように定冠詞によって内包を直接指示することができず，部分冠詞を伴うことによって初めて内包の存在が明確に示されるのである．また，普通名詞の場合，個体の存在は集合の存在を前提とするが，固有名詞の場合，逆に，un Np が先に存在し，この un Np が積み重なることによって les Np という集合が構築されるのである．

第6章
定冠詞を伴う固有名詞

第6章　定冠詞を伴う固有名詞

　前章では，不定冠詞を伴う固有名詞が隠喩的に解釈される例を中心に考察を行ったが，本章では，定冠詞，とりわけ単数形の定冠詞を伴う固有名詞が隠喩的に解釈される場合について考察を行う．次の例，

(1) Bonaparte était pour lui, comme tous les italiens libéraux, *le César de la liberté*. (A. DE LAMARTINE, *Les Confidences*, Discotext)

(2) M. de Chateaubriand était *le Napoléon de la littérature*. (A. DE LAMARTINE, *Nouvelles confidences*, Discotext)

(3) On l' [= Abdolkarim Soruch] appelle *le «Luther de l'islam»*. (*N.O.*, 1732, 15 /1 / 1998, p.9)

において，固有名詞は定冠詞と補語を伴って現れている．これらの例における固有名詞は，本来の指示対象を指示する意図で用いられているのではなく，隠喩的に解釈される．すなわち，(1) において，César は「カエサル」を指示しているのではなく，「カエサルのようである」ことを記述しており，(2), (3) においても同様に，Napoléon, Luther はそれぞれ本来の指示対象である「ナポレオン」，「マルティン・ルター」を指示しているのではなく，「ナポレオンらしさ」，「ルターらしさ」を記述しているのである．

　では，これらの固有名詞の前に現れている定冠詞はどのような機能を果たしているのであろうか．無論，これらの定冠詞は前方照応的に用いられているとは考えられない．また，「自由社会のカエサル」，「文学界のナポレオン」，「イスラム世界のルター」と呼びうる人物がそれぞれ一人しかいないという前提はないため，唯一物を指示しているという保証もない．この定冠詞については，名詞句の役割解釈および定冠詞の「準内包的 (quasi-intensionnel)」用法との関連において考察する必要がある．

　本章では，先ず，前章で述べた固有名詞の隠喩的解釈のメカニズムについて簡単に総括し，次に隠喩的 le Np の先行研究を挙げ，続いて，定冠詞の特殊な用法について述べ，最後に，実例と照らし合わせながらこの用法との関連を検討する．

1. 固有名詞の隠喩的解釈のメカニズム

　ここでは，前章で述べた固有名詞が隠喩的解釈を持つメカニズムについて簡単に振り返っておく．先ず，次の例，

(4) Paul est *un vrai Napoléon*. (KLEIBER, 1981, p.410)

(5) Pour ma part, j'étais disposé à croire qu'il y a toujours un grand homme, *un César* dans chaque génération et qu'il n'est que de le découvrir et de lui demander le mot d'ordre. (M. BARRÈS, *Mes Cahiers*, Discotext)

において，不定冠詞付きの固有名詞は隠喩的に用いられており，(4) のun vrai Napoléon は「まさにナポレオンのような人」，(5) のun César は「カエサルのような人」という意味に解釈される．すなわち，(4), (5) において，固有名詞は本来の指示対象を指示するために用いているのではなく，本来の指示対象が持つ性質を記述しているのである．したがって，ここでの不定冠詞は，固有名詞において本来優勢である指示機能を抑え，記述機能を前面に出す役割を担っていると考えられる．また，隠喩的解釈の固有名詞には，次のように定冠詞複数を伴うものもある．

(6) Elle [=l'harmonie] égalise tout dans la fosse ; et confond avec les bouviers morts la poussière que font *les Césars* et *les Alexandres* ; [...] (V. Hugo, *Légende des siècles*, Discotext)

において，les Césars, les Alexandres はそれぞれ「カエサルのような人々」，「アレクサンドロス大王のような人々」という意味であり，隠喩的な un César, un Alexandre を元とする集合を表している．この例においても，固有名詞の記述機能が前面に出ていることが観察される．したがって，限定詞には固有名詞に内包を付与する働きがあると考えられるのである．

　この内包付与の働きの根源的なものは部分冠詞であると考えられる．次の例において固有名詞は部分冠詞を伴って現れている．

(7) Voici un candidat qui a *du Napoléon* dans l'œil ; c'est notre homme. (L. REYBAUD, *Jérôme Paturot*, Discotext)

(8) Il y a du compagnon du tour de France chez Baldet, mais aussi *du don Quichotte* en guerre contre toutes les injustices, toutes les erreurs, tous les moulins à vent. (*L'Express*, 2426, 1 /1 / 98, p.80)

(7) において，du Napoléon は固有名詞の本来の指示対象である「ナポレオン」を

指示しているとは解釈できないし，また，「ナポレオンのような人」を表しているとも解釈できない．この名詞句は，部分冠詞の性質上，連続的なもの (continu) として捉えられなければならない．「ナポレオン」に関する連続的なものとは，ナポレオンの持つ性質，すなわち，「ナポレオンらしさ」である．ここにおいて，部分冠詞は固有名詞が個体を指示するのを阻止し，固有名詞に内包を付与していると考えられる．また，(8) においても同様に，du don Quichotte は「ドン・キホーテらしさ」を表しており，部分冠詞によって内包が付与されていると考えられる．

GARY-PRIEUR (1994) によると，この部分冠詞は，固有名詞が女性を表す場合，女性形に一致するものと一致しないものとがある．

(9) Il y a *de la Messaline* en Marie. (GARY-PRIEUR, 1994, p.175)
(10) Il y a *du Messaline* dans ce meurtre. (*ibid.*)

(9), (10) における部分冠詞の違いは，外延の世界を考慮しているか，内包だけを純粋に問題にしているかの違いであると考えられる．すなわち，(9) では Messaline と Marie という二つの個体を比較した上で，Marie に「メッサリナらしさ」があることが量的に示されており，この場合，Messaline を外延の世界で捉えているため，部分冠詞が女性形になっているのに対し，(10) では Messaline という人物のことは問題となっておらず，「メッサリナらしさ」という内包だけが考慮されているため，部分冠詞は du で現れているのである．この du は男性形ではなく，いわば無標形であり，内包自体には性の区別がないため，この無標形が用いられているのである．(10) のようにこの無標形の部分冠詞を伴う固有名詞が最も根源的な内包付与の形であり，隠喩的な解釈は，この du Np より論理的に後に位置付けられるものであると考えられる．したがって，固有名詞の隠喩的解釈に関する論理的前後関係 (relation chrono-logique) は次のような表に表すことができるであろう．

(I)

référent initial	intension	extension (emploi métaphorique)	
		continu	discontinu
Ø Np	du Np	du Np de la Np	un Np — les Np une Np — les Np

187

以上が前章の要点であるが、まとめとして掲げた上の表の中には、(1) から (3) の例に見られるような定冠詞単数を伴った固有名詞、すなわち le Np が含まれていないのである。果たして、le Np はどこに位置付けられるであろうか。

2. 先行研究

隠喩的な le Np に関しては、通常単独では現れておらず、何らかの補語を伴っていることが指摘されている。すなわち、le Np Exp[1] という形で現れているのである。この補語には、GARY-PRIEUR (1994)、JONASSON (1994) が述べているように、二種類の形がある。一つは de SN の形である。GARY-PRIEUR (1994) は (11-15) のような例を示している。

(11) Le Tino Rossi du rock (il s'agit de Richard Antony) (France-Inter, 31/1/1991, cité par GARY-PRIEUR, 1994, p.117)

(12) Perret n'est pourtant pas *le Pierre Larousse de la langue verte* (BONNARD, *Information Grammaticale*, 51, p.40, cité par GARY-PRIEUR, 1994, p.117)

(13) La Christophe Colomb des temps modernes (il s'agit de Florence Arthaud) (France-Inter, 10 /11 /1990, cité par GARY-PRIEUR, 1994, p.117)

(14) Le Tabarly des années quatre-vingt-dix (idem) (GARY-PRIEUR, 1994, p.117)

(15) Le Michel Debré de la gauche (il s'agit de J.-P. Chevènement) (France-Inter, 29 /1 /1991, cité par GARY-PRIEUR, 1994, p.117)

また、JONASSON (1994) は (16-18) のような le Np de SN の例を示している。

(16) Ajar, c'est *le Pouchkine des ténèbres de Paris* (P. PAWLOVITCH, *L'homme que l'on croyait*, p.60, cité par JONASSON, 1994, p.215)

(17) Il [=Jean Anouilh] rêvait d'être *le Molière de notre époque* (*N.O.*, 1196, p.56, cité par JONASSON, 1994, p.216)

(18) Le Boris Vian de la S.F. américaine... [=Robert Scheckley] (*N.O.*, 1011, p.10, cité par JONASSON, 1994, p.216)

---

[1] le Np Expansion の略。この用語は GARY-PRIEUR (1994) からの借用である。GARY-PRIEUR は Expansion という語によって、形容詞、前置詞+名詞句、制限的関係節を表している。ここでは、とりわけ、de SN、国家・民族等を表す形容詞を対象としている。

第6章　定冠詞を伴う固有名詞

Le Np Exp に見られるもう一種類の補語は，(19-22) のように，国家・民族等を表す形容詞である.

(19) le Gorbatchev albanais (GARY-PRIEUR, 1994, p.117)
(20) Michael Heltau [...] qu'on nomme *le Gérard Philipe autrichien* (*N.O.*, 1146, p.61, cité par JONASSON, 1994, p.215)
(21) ...le Cayatte américain [=Sidney Lumet] (*N.O.*, 935, p.8, cité par JONASSON, 1994, p.216)
(22) ...le Pindare gaulois [=Ronsard] (*N.O*, 1069, p.66, cité par JONASSON, 1994, p.216)

GARY-PRIEUR (1994) はこのような形容詞が de N の形に書き換えられることを指摘している．たとえば，autrichien は d'Autriche に，américain は d'Amérique に書き換えられる．このように，定冠詞を伴う隠喩的固有名詞は何らかの形で領域が制限されている．JONASSON (1994) はこのような領域を，以下に示すように，「百科事典的領域 (domaines encyclopédiques)」と名付けている．

「Le Boris Vian de la S.F. américaine タイプにおいて，固有名詞の隠喩化 (métaphorisation) が起こるのは，異なる二つの百科事典的領域を関連付けることによる．これらの領域のうちの一つの内部において，固有名詞の本来の指示対象は，特権的な地位を占めている．これにより，本来の指示対象は，多少なりとも著名なものとなる．談話上の指示対象が含まれているもう一方の百科事典的領域にこの構図が適用されると，新しい領域における談話上の指示対象の役割は元の領域における本来の指示対象の役割に匹敵しうることになる．固有名詞の本来の指示対象から放たれるイメージが談話上の指示対象のイメージによりよく一致するよう修正が加えられているだけにいっそう容易に対話者は同意を示すであろう．」[2]

---

2 «Pour le type *le Boris Vian de la S.F. américaine*, la métaphorisation du Npr consisterait donc en un rapprochement entre deux domaines encyclopédiques distincts. A l'intérieur d'un de ces domaines le référent original du Npr occupe une position privilégiée, qui l'a rendu plus ou moins célèbre. Lorsque cette structure ou figuration est appliquée à l'un des domaines encyclopédiques dans lesquels s'inscrit le référent discursif, il s'avère que le rôle de celui-ci dans ce nouveau domaine peut être comparé à celui du référent original dans le domaine initial. L'interlocuteur donnera d'autant plus facilement son accord que l'image livrée du référent original du Npr est modifiée pour mieux coïncider avec celle du référent discursif.» (JONASSON, 1994, p.228)

この「百科事典的領域」は，FAUCONNIER (1984) のメンタル・スペース理論における「領域」と同じように考えることができるように思われる．GARY-PRIEUR (1994) は，

(23) Le Michel Debré de la gauche (il s'agit de J.-P. Chevènement) [=(15)]

のような le Np Exp に対して，次のような図を与えている．

(23′)

x = Chevènement　　　　　　　être　　　　　　　x_i = Debré

E_1 = la gauche　　　　　　　　　　E_2 = la droite
(GARY-PRIEUR, 1994, p.119)

Le Michel Debré de la gauche において，補語である de la gauche は領域を成しており，Michel Debré は役割として機能している．すなわち，(23) は，「左派」という領域において，J.-P. Chevènement という値が，右派における Michel Debré 的な役割を演じていることを表しているのである．

このように，隠喩的解釈の le Np Exp は，補語の部分が領域を成し，Np が役割として機能していると分析できる．すなわち，Np は本来の指示対象が表す値を指示しているのではなく，本来の指示対象が持つ性質を役割として記述しているという分析が可能であると言える．では，定名詞句が役割を表していると解釈される場合，定冠詞は何を指示しているのであろうか．

3. 定冠詞の特殊用法

3. 1. 「役割」指示的用法

序章において，FAUCONNIER (1984) が導入している「役割 (rôle)」と「値 (valeur)」いう概念について解説を行った．簡単に振り返っておくと，例えば，

(24) *Le président* change tous les sept ans. (FAUCONNIER, 1984, p.60)

には少なくとも二通りの解釈がある．一つの解釈は「フランスの大統領は7年毎に交代する」という意味であり，もう一つの解釈は「たまたま大統領である個体（例えばシラク）が7年毎に変貌する」という意味である．前者の解釈，すなわちle président という定名詞句が変項として機能している解釈は「役割解釈」であり，後者の解釈，すなわち定名詞句 le président が単一の要素を指示する解釈は「値解釈」である．

では，役割解釈の定名詞句に現れている定冠詞はどのような機能を持っているのであろうか．次の例にこの疑問を解く鍵が隠されているように思われる．

(25) En 1929, *le président* était un bébé. (FAUCONNIER, 1984, p.76)
(26) En 1929, un bébé était *président*. (*ibid.*)

既に第1章で見たように，(25) の役割解釈，すなわち，「1929年当時，大統領の職を務めていたのは赤ん坊だった」という解釈をパラフレーズしたものが (26) である．筆者は第1章において，(25) の le président が役割として解釈されるならば，(26) の無冠詞名詞 président は，役割を記述しているはずであると主張した．再びこれを (25) に戻して考えてみると，役割解釈を持つ le président における président という語も同じ機能，すなわち「役割記述機能」を持っているはずである．したがって，単純に le président の le は président が記述している「大統領という役割」を指示していると考えることができる．FAUCONNIER は，定名詞句は第一義的には役割関数であり，二義的にその役割のとる値であるとしているが，値を指示しない場合，デフォルト値により，役割を指示すると推測できる．

MARTIN (1986) と FURUKAWA (1997) が示している次の例における定名詞句も役割を指示していると考えられる．

(27) Sonnez. *Le boucher* vous conseillera. (MARTIN, 1986, p.197)
(28) Il y a un robinet qui fuit dans la salle de bain, il faut faire venir *le plombier*. (FURUKAWA, 1997, p.177)

(27) の boucher も (28) の plombier も共に職業を表す名詞である．すなわち「役割記述機能」を持つ名詞である．したがって定冠詞は，それぞれ「肉屋という役割」，「水道屋という役割」を指示していると考えられる．これらの定名詞句がそれぞれ具体的な肉屋，水道屋と結びつくのは語用論レベル，言い換えれば言語外レベル

191

においてである．これを図式化すると次のようになるであろう．

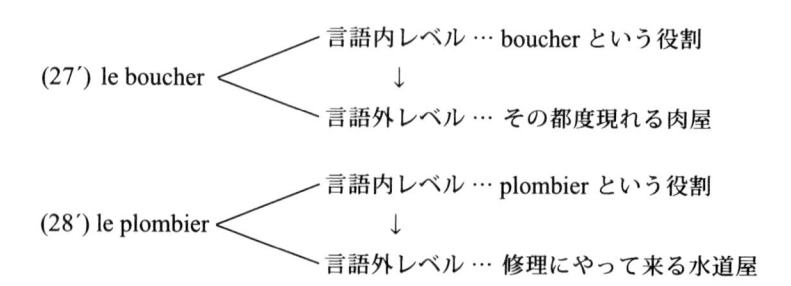

(27′) le boucher ＜ 言語内レベル … boucher という役割
　　　　　　　　　　↓
　　　　　　　　言語外レベル … その都度現れる肉屋

(28′) le plombier ＜ 言語内レベル … plombier という役割
　　　　　　　　　　↓
　　　　　　　　言語外レベル … 修理にやって来る水道屋

FURUKAWA (1997) が (27), (28) における定冠詞が「内包指示」であると主張しているように，このような「役割指示」の定冠詞は「内包指示」の定冠詞の一部をなすものであると考えられる．内包というと，一般的には特性のみを問題にしているように思われるが，そこには「役割」のような概念も含まれ，また，暗示的意味 (connotation) とも結びつきやすいと考えられる．

第1章において，属詞として現れる無冠詞名詞には，「役割記述機能」と「性質記述機能」があることを述べた．「役割記述機能」の無冠詞名詞に定冠詞が付いた場合，「役割指示」となることは上で述べたとおりであるが，「性質記述機能」の無冠詞名詞に定冠詞が付いた場合，「性質指示」，すなわち狭い意味での「内包指示」となる．次の例が性質指示の良い例であろう．

(29)　Marilyn n'était pas qu'une femme, elle était *la femme*. (WILMET, 1997, p.137)

(29) において，la femme は「まさに女性」という意味に解釈される．ここで用いられている定冠詞は，femme の性質，すなわち「女性らしさ」を指示している．この定冠詞はいわゆる内包指示の定冠詞であり，問題となるのは「役割」ではなく「性質」である．この la femme については，次のような図式化が考えられる．

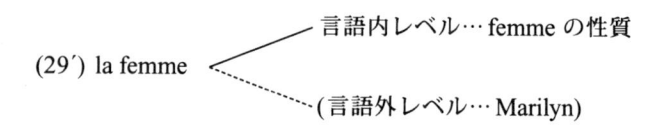

(29′) la femme ＜ 言語内レベル … femme の性質
　　　　　　　　 (言語外レベル … Marilyn)

すなわち，la femme は言語内レベルにおいて femme の性質を指示しているが，属詞位置に現れているため言語外レベルは考慮外である．無論，la femme という属詞がその主語である Marilyn という人物の性質を表していることに違いはないが，

第6章　定冠詞を伴う固有名詞

これは間接的な結びつきに過ぎない．もし la femme が言語外レベルで直接 Marilyn と結びつくのであれば，elle était la femme は「Marilyn は Marilyn であった」という意味のない解釈になってしまうからである．

　しかしながら，第1章で述べたように，無冠詞名詞が「役割」を記述しているか「性質」を記述しているかは二者択一的なものではなく，それと平行して，広い意味での内包指示の定冠詞が，名詞が表す「役割」を指示するのか「性質」を指示するのかは必ずしもはっきりと区別されるものではない．とりわけ，次のような総称的解釈の定名詞句の場合，このような曖昧さが感じられる．

(30)　*L'homme* est mortel. (FURUKAWA, 1986, p.47)

(30) は l'homme は，FURUKAWA (1986) が指摘するように，le dieu との対比が想定されうるが，その場合はカテゴリー化がなされており，「神」というカテゴリーではなく「人」というカテゴリーに属することが問題となるため，「役割」指示であると解釈できるが，一方で，人の持つ「弱さ，儚さ」を「人間らしさ」として捉えていると考えると，「性質」指示であると解釈することができる．このような定名詞句は，どちらか一方のみを指示しているというわけではなく，内包のうちの「役割」の部分も「性質」の部分も指示対象として持ちうると考えられる．したがって，(30) の l'homme は次のように図式化できるであろう．

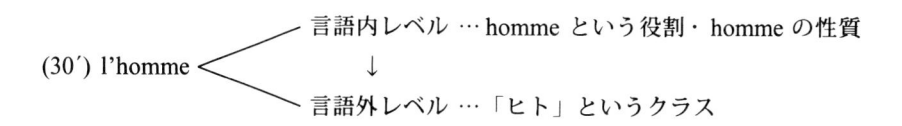

(30′) l'homme ＜　言語内レベル … homme という役割・homme の性質
　　　　　　　　　　　↓
　　　　　　　　　言語外レベル …「ヒト」というクラス

内包指示的定名詞句は，「性質」と「役割」という二つの観点から次のような図式化が可能であろう．

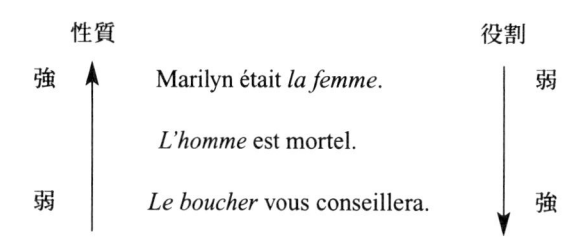

　　　性質　　　　　　　　　　　　　　　役割
強　↑　　Marilyn était *la femme*.　　　　弱
　　│　　*L'homme* est mortel.
弱　│　　*Le boucher* vous conseillera.　　↓　強

193

すなわち, Marilyn était *la femme.* においては, 内包のうちの性質, 言い換えれば「らしさ」の部分が強く現れているのに対し, 役割の部分は弱められている. 一方, *Le boucher* vous conseillera. においては, 前面に現れているのは役割の部分であり, 性質の部分は抑えられている. *L'homme* est mortel. のような総称文はその中間に位置し, 性質も役割も同程度に現れていると考えられる.

3. 2. 「準内包的」用法

ここでは, FURUKAWA & NAGANUMA (2000) における複合定名詞句の先頭に現れる定冠詞の「準内包的」用法について考察する[3]. 次の例は, 『星の王子さま』の冒頭部分のフランス語の原文とその英語訳である.

(31) a. Lorsque j'avais six ans j'ai vu, une fois, une magnifique image, dans un livre sur la Forêt Vierge qui s'appelait «Histoires Vécues». Ça représentait un serpent boa qui avalait un fauve. Voilà *la copie du dessin.* (SAINT-EXUPÉRY, *Le Petit Prince*, Gallimard, p.9)
 b. Once when I was six years old I saw a magnificent picture in a book, called *True Stories from Nature*, about the primeval forest. It was a picture of a boa constrictor in the act of swallowing an animal. Here is *a copy of the drawing.* (SAINT-EXUPÉRY, *The Little Prince*, Harcourt Brace & Company, p.3)

これらの例において, (31a) の la copie du dessin は, 大きな意味の変化なく, une copie du dessin と, 定冠詞を不定冠詞に置き換えることができるが, その英語訳である (31b) の a copy of the drawing は, the copy of the drawing と, 不定冠詞を定冠詞に換えることはできない. しかしながら, まさしく英語の a copy of the drawing が示しているように, ここでは「絵の写し」は特定の 1 枚に限定されているわけではないため, なぜ, (31a) では la copie du dessin のように定冠詞が用いられているのかという疑問が生じる. 果たしてこの定冠詞はどのような用法で用いられているのであろうか. FURUKAWA & NAGANUMA (2000) は次のように述べている.

「不定冠詞が表すような x という実体の個別性ではなく, copie という名詞の内包が前面に出されているという意味において, la copie du dessin における

---

3 複合定名詞句における定冠詞の用法については, 拙論 (1996, 1997, 1998a) においても論じている.

第6章　定冠詞を伴う固有名詞

定冠詞 la の用法を『準内包的』(«quasi-intensionnel») と呼ぶことにする.」[4]

すなわち，la copie du dessin に見られる la という定冠詞は，une を用いた場合に現れる「写し」という個体の個別性を排除し，copie という名詞の「内包」を前面に出しているという意味で，「準内包的」定冠詞と言えるのである．この場合，言語内レベルでは，絵に対して「写しである」という関係を表しているだけであり，目の前にある絵の写しとは言語外レベルで結びつくのである．これを図式化すると次のようになる．

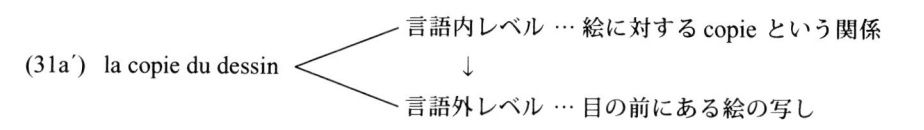

(31a′)　la copie du dessin ＜　言語内レベル … 絵に対する copie という関係
　　　　　　　　　　　　　　　　↓
　　　　　　　　　　　　　　言語外レベル … 目の前にある絵の写し

この「準内包的」用法の定冠詞（以下，「準内包的定冠詞」と呼ぶ）は，前述の「役割指示」の定冠詞に近いと考えられるが，一つ大きな違いがある．それは，準内包的定冠詞が，明示的に何らかの限定を受けた名詞句，とりわけ de ＋名詞句によって修飾された複合名詞句にしか現れないということである．例えば，

(32)　De ce dimanche matin, le père Yves Clochard-Bossuet gardera un éternel souvenir. Celui du visage endormi à jamais de cette jolie jeune femme blonde, allongée sur *le lit d'un hôpital parisien*. La star des princesses venait de rejoindre les étoiles. (*France-Soir*, 24/10/1997, cité par Furukawa & Naganuma, 2000, p.245)

において，le lit d'un hôpital parisien の先頭の定冠詞は前方照応として解釈することはできない．無論，病院にはベッドがいくつもあってしかるべきであり，(32) における定冠詞の使用は決して唯一物の存在によって保証されているわけではない．この例においても，定冠詞は準内包的であると言えるが，属格の d'un hôpital parisien の部分を省くと，定冠詞はもはや準内包的機能を失ってしまう．すなわち，

4　«Nous le [= l'emploi de l'article défini *la* dans *la copie du dessin*] qualifierons de «quasi-intensionnel» en ce sens que l'intension du nom *copie* est mise en avant au détriment de l'individualité de l'entité *x* qui aurait pu être exprimée par un article indéfini.» (Furukawa & Naganuma, 2000, p.244)

(32′) [...] #Celui du visage endormi à jamais de cette jolie jeune femme blonde, allongée sur *le lit*. [...] (FURUKAWA & NAGANUMA, 2000, p.245)

において，le lit の定冠詞は le lit d'un hôpital parisien の定冠詞とは異なり，前方照応的解釈を要求する．この観察から言えることは，準内包的定冠詞は，属格等による支えを必要としているということである．

CORBLIN (1987) によると，

(33) Pierre vient d'acheter *une maison*, et *la maison de Pierre* est très confortable. (CORBLIN, 1987, p.154)

において，une maison と la maison de Pierre は必ずしも同じものを表しているというわけではない．なぜなら la maison de Pierre は前方照応的に用いられているのではなく，「Pierre の通常の住居」という意味を示しているに過ぎないからである．この場合，Pierre との関係において，「住居」であるという意味内容が前面に出ており，定冠詞は準内包的であると考えられる．

また，CADIOT (1997) は次のような例を示している．

(34) ?C'est *l'ami* pour Paul. (CADIOT, 1997, p.59)
(35) C'est *l'ami* de Paul. (*ibid.*)

CADIOT (1997) によると，ami という語には，「絶対的用法 (emploi «absolu»)」と「関係を表す用法 (emploi relationnel)」がある．(34) の l'ami は前者の用法であり，「友達らしさ」という属性が問題となる．したがって，(34) は Paul にとって「唯一無二の真の友達」という解釈になり，文脈がないと少しおかしな文になってしまう．一方，(35) の l'ami は後者の用法であり，l'ami は「友達」という関係を示す．この l'ami は de Paul によって限定されることにより，Paul との関係において「友達」であることしか示していない．この場合の定冠詞も準内包的定冠詞であると言える．複合定名詞句における準内包的定冠詞は，N1（第1名詞）の「役割」を問題にしているというより，むしろ N1 の N2（第2名詞）との「関係」を問題にしていると言った方がより正確であろう．

次に N1 が親族名称を表す複合定名詞句を観察する．次の二つの例，

(36) Jeanne est *la fille d'un fermier*. (MILNER, 1982, p.359)
(37) Jeanne est *la fille du fermier*. (*ibid.*)

について，MILNER (1982) は次のように説明している．

「[...] la fille d'un femier, le cheval d'un voisin タイプの名詞句の指示対象は，考慮されている農夫（そもそもこの農夫は同定されていないのであるが）に娘が一人しかいないという前提を持たない．一方，la fille du fermier は，逆に，農夫は同定されており，さらに，この農夫に娘が一人しかいないことを前提とする．したがって，la fille du fermier は唯一的に限定された指示対象を表している．」[5]

すなわち，(36) の la fille d'un fermier のように，N2 が不定の場合，娘が一人しかいないという前提はないが，(37) の la fille du fermier のように，N2 が定の場合，娘が一人しかいないという前提があるということである．このような MILNER の主張を元に，定冠詞の用法について考えると，la fille d'un fermier の先頭の定冠詞は準内包的であり，一方，la fille du fermier の先頭の定冠詞は唯一物指示的ということになるであろう．しかし，FLAUX (1993) は，

(38) J'ai rencontré *la fille du fermier*. — Laquelle? (FLAUX, 1993, p.122)

という例を示し，次のように主張している．

「この発話は農夫に娘が一人しかいないことを前提とはしていないのである．すなわち，この農夫には娘が二人以上いる可能性がある．また，疑問詞 laquelle は話者が同じ農夫の娘である複数の個体を知っていることを前提としているため，このような連鎖が可能となるのである．」[6]

したがって，la fille du fermier という定名詞句においても娘が一人しかいないという前提はないため，先頭の定冠詞は唯一物指示的ではなく，準内包的というこ

---

5 «[…] le référent des groupes du type *la fille d'un fermier, le cheval d'un voisin* ne suppose pas que le fermier considéré (fût-il par ailleurs non-identifié) n'ait qu'une seule fille, alors qu'au contraire, *la fille du fermier* suppose que le fermier est identifié et que de plus il n'a qu'une seule fille, d'où il suit que *la fille du fermier* désigne un référent uniquement déterminé.» (MILNER, 1982, pp.359-360)

6 «C'est qu'il [= l'énoncé (28) [= (38)]] ne présuppose pas que le fermier n'ait qu'une fille ; celui-ci peut en avoir plusieurs. Et comme le pronom interrogatif présuppose, lui, que le locuteur connaît plusieurs individus qui sont filles du même fermier, l'enchaînement est possible.» (FLAUX, 1993, p.122)

とになる．また，CORBLIN (1987) も，

(39) Le fils de Pierre vient d'entrer à Polytechnique. (CORBLIN, 1987, p.175)

に見られるような複合定名詞句は，最初の発話として用いることが出来るが，N1 の唯一性を要求しないし，また排除もしないとして以下のように説明している．

> 「一般に知られているように，le fils de Pierre のようなあるいくつかの名詞句は，『Xi と関連したN』の唯一性を厳密に要求することも排除することもなく，ある個体についての最初の言及 (première mention) として用いられうる．」[7]

さらに，CORBLIN は，

(40) Le mari de Nicole n'aurait jamais accepté cette situation, c'est pourquoi elle resta célibataire. (ibid., p.148)

において，le mari de Nicole には存在前提さえもないことを指摘している．このことから，N1 が親族名称である複合定名詞句は，関係のみを問題とし，定冠詞が準内包的に用いられうることが理解される．

また，以下の部分と全体の関係にある複合定名詞句においても準内包的定冠詞が観察される．

(41) J'ai abîmé l'aile de la voiture. (ibid., p.151)
(42) J'ai heurté le coin du bureau. (ibid.)

これらはどちらも最初の発話として用いられうるが，唯一性は保証されていない．ここでは，自動車のフェンダーや机の角の個別性は無視され，関係だけが問題になっているのである．次の例も同様である．

(43) Regardez le bout d'un crayon, ne distinguez-vous pas les deux parties de la gaine séparées par le milieu? (Leçons de choses, cité par 松原, 1978, p.153)

---

[7] «On sait que certains groupes nominaux comme Le fils de Pierre peuvent être utilisés comme première mention d'un particulier sans strictement exiger unicité des "N relatifs à Xi" et sans l'exclure.» (CORBLIN, 1987, p.150)

(43) の le bout d'un crayon について，松原は次のように説明している．

> 「[...] «鉛筆の一端» は唯一物である．端は2つあるのに，なぜ le bout と単数になっているのかという疑問があるが，鉛筆の端は2つあるが，両者はまったく同型であるために同一視されて唯一物と考えられ，単数定冠詞をとったものと思えばよいであろう．」(松原, 1978, p.153)

すなわち，鉛筆のそれぞれの端の個別性を問題にせず，「端」をタイプとして捉えているのである．

このように，複合定名詞句においては，多くの場合，定冠詞 le は N1 と N2 の「関係」のみを表しており，「準内包的」に解釈されると考えられる．重要なのは，ある値の個別性よりも，N1 の記述内容なのである．このような用法の定冠詞は，この場合におけるいわば無標の冠詞であると考えられる．このことは次の表からも窺えることである．

	du N2		d'un N2		計	
le N1	156	87%	19	86%	175	87%
un N1	23	13%	3	14%	26	13%

この表は，映画のシナリオをコーパスに[8]，N1, N2 ともに単数であるものに限り，複合名詞句の例を収集し，先頭に定冠詞が現れるものと不定冠詞が現れるものとに分類したものである．N2 が定名詞句の場合，le N1 が156例であるのに対し，un N1 が23例，N2 が不定名詞句である場合，le N1 が19例であるのに対し，un N1 が3例であり，合計すると，le N1 de Dét. N2 が175例であるのに対し，un N1 de Dét. N2 が26例となり，その比率は87％：13％と，定冠詞が現れる頻度の方が圧倒的に高いという結果が出ている．このことから，準内包的用法は，複合定名詞句に現れる定冠詞の本質的用法であるように思われる．

4. 隠喩的解釈の le Np

4. 1. 修飾語を伴う場合

では，隠喩的解釈の le Np Exp における定冠詞の用法についてはどうであろう

---

[8] *L'avant-scène cinéma*, février-juillet, octobre, novembre, 1993, janvier-avril, 1994.

か.もし「役割」指示的用法であるとすれば,それには一つだけ疑問が残る.それは,前述の役割指示の定名詞句が明示的な補語を必要としていなかったのに対し,隠喩的な le Np は通常補語を必要とするという点である.では,準内包的定冠詞なのであろうか.確かに,de SN を取り除いてしまうと解釈が変わってしまうため取り除くことができないという点は準内包的定冠詞と共通している.しかしながら,隠喩的な le Np に付いている de SN は常に領域をなしており,そこで表現されているものは,準内包的定冠詞を含む名詞句が表しているような「関係」というよりは,むしろ「役割」に近いように思われる.例えば,le Napoléon de la finance という表現があった場合,財界という領域において,ナポレオンの役割を担っている人物のことを表していると解釈できる.ただし,このような役割は,国籍や職業とは異なり,あらかじめ構築されているものではなく,話し手によって恣意的に構築されたいわば即席の役割である.とはいえ,いかなる固有名詞も役割として機能できるというわけではない.少なくとも,話し手と聞き手の間で固有名詞の本来の指示対象がどんな人物であるかが理解できていなければならない.すなわち,役割が形成されるためには,固有名詞が表す人物の「性質」,言い換えれば「内包」の存在が前提となるのである.したがって,Napoléon からは「征服者,頂点に立つ者」のような内包が引き出され,le Napoléon de la finance と言えば,「財界のトップ」のような役割を記述していると想像できる.しかしながら,実際のところ,「役割」と「関係」ははっきりと区別される概念ではなく,どちらも「内包」を構成するものであることを考えると,隠喩的な le Np Exp は「内包」を前面に出しており,その意味では,「準内包的」であるということができる.実際,隠喩的な le Np Exp と準内包的定冠詞を含む複合定名詞句には次のような共通点も見られる.

(44) Le noir gouffre cloaque au fond ouvrait son arche où croulait Rome entière ; et, dans l'immense égout, quand le ciel juste avait foudroyé coup sur coup, parfois deux empereurs, chiffres du fatal nombre, se rencontraient, vivants encore, et, dans cette ombre, où les chiens sur leurs os venaient mâcher leur chair, *le César d'aujourd'hui* heurtait *celui d'hier*. Le crime sombre était l'amant du vice infâme. Au lieu de cette race en qui Dieu mit sa flamme, au lieu d'Eve et d'Adam, si beaux, si purs tous deux, une hydre se traînait dans l'univers hideux ; l'homme était une tête et la femme était l'autre. Rome était la truie énorme qui se vautre.
(V. HUGO, *Légende des siècles*, Discotext)

(44) においては，le César d'aujourd'hui の le César の部分が celui d'hier の中で celui に置き換えられている．これは次のような準内包的複合定名詞句においても見られる現象である．

(45) J'ai rencontré *la fille d'un berger* et toi *celle d'un ouvrier*. (FLAUX, 1993, p.123)

(45) において，la fille d'un berger の la fille は，celle d'un ouvrier の中では celle という語に置き換えられている．しかしながら，最初の la fille と後の celle は同じ人物を指し示しているわけではなく，celle は la fille という言語記号そのものを受け継いでいるにすぎない[9]．より正確に言えば，celle は la fille の質的意味内容，すなわち「内包」を繰り返しているのである．(44) においても，le César d'aujourd'hui と celui d'hier は決して同じ人物を表しているわけではなく，celui は le César の内包を繰り返しているのである．

以下では，このような準内包的定冠詞という観点に基づき，隠喩的に解釈される単数形の le Np Exp の実例を詳しく観察することにする．

まず，次の例においては，隠喩的な le Np Exp が être の属詞として現れている．

(46) Diplômé de nombreuses universités américaines, maniant aussi bien les concepts de la philosophie occidentale que musulmane, Hairi [= Mehdi Hairi-Yazdi] s'attelle depuis une bonne dizaine d'années à ce qu'il estime être l'œuvre pie entre toutes : démontrer, textes sacrés à l'appui, que l'islam permet de séparer le pouvoir spirituel du pouvoir temporel, afin d'ouvrir une voie définitive — théologique et théologique — à la démocratie. Ses disciples disent de lui qu'il est «*le Kant de l'islam*», celui qui permet enfin de lire le Coran à l'aune de la raison, en fondant la foi sur une liberté individuelle et subjective. (*N.O.*, 1732, 15 /1 /1998, p.13)

(47) M de Chateaubriand lui convenait et il devait convenir à M de Chateaubriand. Leur idée était la même : M de Chateaubriand était *le Napoléon de la littérature*. [=(2)]

(48) Ce romain adorait la France révolutionnaire et philosophique ; il abhorrait l'empereur et l'empire. Bonaparte était pour lui, comme pour tous les italiens libéraux, *le César de la liberté*. Tout jeune encore, j'avais les mêmes sentiments.

---

9 このような現象を GROSS (1986) は référence lexicale と呼び，古川 (1979) はこれに「辞書的意味照応」という訳を与えている．

Cette conformité d'idées ne tarda pas à se révéler entre nous. [= (1)]

(46-48) におけるコピュラ文は記述文であり，属詞の le Np Exp は，指示機能は持たず，記述機能のみを持つと考えられる．すなわち，この場合は，le Np Exp によってある個体の属性を記述しているのであり，個体そのものを指示していないことは明らかである．例えば，(46) は，«le Kant de l'islam» という表現により，Mehdi Hairi-Yazdi という人物がイスラム世界において，ドイツの哲学者カントのような役割を担っていることを記述しているのであって，Mehdi Hairi-Yazdi そのものを指示しているわけではない．次のように同格として現れる場合も同様であろう．

(49) — la spéculation? Dit le parfumeur, quel est ce commerce? — c'est le commerce abstrait, reprit Claparon, un commerce qui restera secret pendant une dizaine d'années encore, au dire du grand Nucingen, *le Napoléon de la finance*, et par lequel un homme embrasse les totalités des chiffres, écrème les revenus avant qu'ils n'existent, une conception gigantesque, une façon de mettre l'espérance en coupes réglées, enfin une nouvelle cabale! (H. DE BALZAC, *Histoire... de César Birotteau*, Discotext)

(50) A l'image de ce talk-show animé par quatre adolescents — *Com'è* — de ce voyage à travers les objets fétiches d'un invité prestigieux — *Blue* — ou encore de ce projet d'émission littéraire — *Contesto* — confié à l'écrivain Emilio Tadini, *le Bernard Pivot local*, toute la fierté de Michel Thoulouze. (*L'Express*, 2426, 1/1/1998, p.48)

(49), (50) においても，同格として現れている le Np Exp は，先行する固有名詞が表している人物の属性を記述しているのであり，この人物を指示しているのではない．次のような場合にも記述機能が優先的に働いていると考えられる．

(51) Quand Soruch révise son dogme, c'est que l'époque s'arrête à en faire autant... [alinéa] On l'appelle *le «Luther de l'islam»*. Actuellement interdit d'enseignement, Soruch est le dissident le plus célèbre du régime des ayatollahs. [= (3)]

(52) Vos partisans voient en vous *le Luther du chiisme*. Que vous inspire une telle filiation? (*L'Express*, 2427, 8/1/1998, p.58)

第6章 定冠詞を伴う固有名詞

(51), (52) における le Np Exp は,どちらもイランの哲学者である Abdolkarim Soruch (または Soroush) という人物のことを表している表現である. (51) では,le «Luther de l'islam» という表現は appeler の直接目的補語の属詞として現れている.すなわち,この表現は,名前というメタ言語的情報として与えられているに過ぎず,それによってある個体を指示する意図で用いられてはいない. (52) も同様に,le Luther du chiisme は具体的な個体を指示しているわけではなく,属性を記述しているだけであると考えられる.これらの例における le Np Exp は,「イスラム教(シーア派)」という領域において「マルティン・ルター」の役割を担っている値が一つしか存在しないことを前提としているわけではない.ここで用いられている定冠詞は値の唯一性を要求するものではなく,重要なのは le «Luther de l'islam», le Luther du chiisme の値の個別性よりも,Luther の内包,言い換えれば Luther の記述内容の方である.したがって,ここでの定冠詞の用法は準内包的用法であると言える.とりわけこれらの例では,le «Luther de l'islam», le Luther du chiisme は属詞と同様に解釈されるため,指示対象として Abdolkarim Soruch という値を持っているわけではなく,「イスラム教(シーア派)のルターである」ことを述べるという記述機能が優勢に働いているのである.

しかしながら,以下に見る例では事情が異なるように思われる.

(53) ABDOLKARIM SORUCH [titre secondaire] Le virage *du Luther iranien* [titre principal] (*N.O.*, 1732, 15/1/1998, p.9)

(54) HASSAN AL-TOURABI [titre secondaire] La fin *du Machavel soudanais*? [titre principal] (*N.O.*, 1732, 15/1/1998, p.36)

(53), (54) において,メインタイトルの中に現れている le Np Exp は,単に記述機能しか持たないわけではなく,指示機能も持つと解釈せざるを得ない.では,この場合の定冠詞の用法はどのようなものであろうか. (53), (54) を見ると,隠喩的 le Np Exp が表している個体は,既にサブタイトルで名前が挙げられており,一見定冠詞は前方照応的に用いられているように思われる.しかしながら,これらの名前が表している人物の存在前提は必要であるとしても,必ずしも明示的にこれらの名前が隠喩的 le Np Exp に先行している必要はないはずである.すなわち, (53), (54) において隠喩的 le Np Exp が指示機能を持つのは言語外レベルでの問題であり,le Luther iranien, le Machavel soudanais という表現がそれぞれ Abdolkarim Soruch, Hassan al-Tourabi という人物と結びつくのは語用論レベルにおいてである.した

203

がって，ここで見られる指示機能は，定冠詞の使用とは全く無関係であり，定冠詞の用法は相変わらず準内包的であると考えられる．次の例においても同様である．

(55) Posé sur le bureau, le portrait d'Orian, 9 ans, est barré d'un bandeau noir. Le regard vide de la petite fille, battue à mort par son père, interpelle chaque visiteur de Me Shirine Abadi. Avec ce fait divers abominable, qui avait toutes les chances de passer inaperçu, *la Gisèle Halimi iranienne* vient de réussir à secouer la République islamique. (*N.O.*, 1732, 15/1/1998, p.43)

(56) — cheu ne feux bas audre chosse! répondit Schmucke. — eh bien, laissez-moi vous arranger cela, dit Gaudissart, à qui, la veille, Fraisier avait dit son plan. Où le Gaudissart se montre généreux. Gaudissart pensa pouvoir se faire un mérite auprès de la jeune vicomtesse Popinot et de sa mère de la conclusion de cette sale affaire, et il serait au moins conseiller d'état un jour, se disait-il. — cheu fus tonne mes boufoirs... — eh bien, voyons! D'abord, tenez, dit *le Napoléon des théâtres du boulevard*, voici cent écus... il prit dans sa bourse quinze louis et les tendit au musicien. (H. DE BALZAC, *Le Cousin Pons*, Discotext)

(55)において，la Gisèle Halimi iranienne は先行文脈に現れている Me Shirine Abadi と同じ人物を表し，(56)において，le Napoléon des théâtres du boulevard は先行文脈に現れている Gaudissart と同じ人物を表していると解釈される．しかしながら，la Gisèle Halimi iranienne も le Napoléon des théâtres du boulevard も前方照応的に用いられているわけではなく，それぞれ Me Shirine Abadi, Gaudissar といつ人物を記述するための「別名」として用いられているに過ぎない．したがって，この場合も定冠詞は準内包的であると言える．

では，このような準内包的な定冠詞を含む le Np Exp は，表(I)のどこに位置付けられるであろうか．再び次のような例を取り上げて考察を行うことにする．

(57) On l'appelle *le «Luther de l'islam»*. [=(3), (51)]
(58) Vos partisants voient en vous *le Luther du chiisme*. [=(52)]

(57), (58)において，le Np Exp は前述のとおりどちらもイランの哲学者 Abdolkarim Soruch のことを表した表現である．これらの表現の中に現れている Luther は，本来の指示対象である「マルティン・ルター」を指示しているのではなく，「マル

第6章　定冠詞を伴う固有名詞

ティン・ルターらしさ」を記述している．この点については，前節で扱った隠喩的な du Np, un Np, les Np と同様であるが，le Np の隠喩的な解釈が成り立つためには，du Np, un Np, les Np と異なり，一般に補語が必要である．すなわち，(57)の le «Luther de l'islam», (58) の le Luther du chiisme における定冠詞は，属格部分である de l'islam, du chiisme の存在によって支えられているのである．したがって，仮に属格の de l'islam, du chiisme の部分がなければ，Luther の前はもはや定冠詞ではなく不定冠詞の方が適切になるであろう．すなわち，le «Luther de l'islam» も le Luther du chiisme も un Luther の一変種に過ぎないのである．次の例も全く同様である．

(59)　Le virage *du Luther iranien* [= (53)]

(59) に現れている le Luther iranien も，(57), (58) と同様に，Abdolkarim Soruch を表している．ここでは，de SN ではなく，iranien という形容詞によって修飾されているが，これは性質を表しているのではなく，GARY-PRIEUR (1994) が指摘するように，d'Iran のような de SN の形に書き換えることが可能であり，領域を限定するものである．この場合も，(57), (58) と同様に，定冠詞の使用は iranien という修飾語によって支えられており，iranien がなければむしろ不定冠詞が選ばれることが予測される．このように，le Np Exp は，補語がなければ un Np の形で現れることが想定されるものであることを考慮すると，le Np Exp の表 (I) における位置付けは un Np と同じであると考えられる．したがって，表 (I) は表 (II) のように改めることができるであろう．

(II)

référent initial	intension	extension (emploi métaphorique)	
		continu	discontinu
Ø Np	du Np	du Np de la Np	un Np — les Np (le Np Exp) une Np — les Np (la Np Exp)

以上のように，隠喩的な le Np Exp は，ある個体を指示するという機能より，固有名詞の本来の指示対象の内包を記述する機能が重視されており，du Np, un Np,

205

les Np と同様に，限定詞によって固有名詞に内包が付与されていると考えられる．

4.2. 修飾語を伴わない場合

しかしながら，隠喩的解釈の固有名詞の表はこれで完成したわけではない．前節においては，隠喩的解釈の le Np は通常補語を伴うことを述べた．したがって，隠喩的解釈の固有名詞の論理的前後関係においては，le Np が単独で現れる例は考慮されていない．ところが，次の二つの例，

(60) C'est le type même de *l'Einstein*. (KLEIBER, 1981, p.410)
(61) C'est *l'Einstein* par excellence. (*ibid.*)

においては，le Np は補語を伴わずに現れている．これらの例において，定冠詞は本来の指示対象である「アインシュタイン」を指示しているわけでもなければ，un Einstein を前方照応的に指示しているとも考えられない．では，ここでの定冠詞の用法はどのようなものであろうか．考えられるのは，内包指示的用法である．すなわち，ここで問題となっているのは「アインシュタインらしさ」そのものであり，ある人物について「アインシュタインらしさ」という性質そのものであると述べていると分析できるのである．(60) においては le type même, (61) においては par excellence という表現が性質を強調していることからもこのように考えられる．しかしながら，(60), (61) のような例は特殊な例であり，用いることのできる固有名詞は，極めて知名度が高く，普遍的にイメージの固定している人物のみに限られるように思われる．

また，次の例は隠喩的な例ではなく，前章で本質的用法，すなわち，限定詞を伴った固有名詞の指示対象が固有名詞の本来の指示対象と全く同じであると考えられるものとして挙げた例であるが，この le Np も内包が関わっているように思われる．

(62) On le sait aujourd'hui : Flaubert était une femme. N'a-t-il un jour prétendu que *la Bovary*, c'était lui ? (*N.O.*, 1732, 15/1/1998, p.81)

(62) において，la Bovary は「あのボヴァリー夫人」という意味で，ボヴァリー夫人という人物そのものを指示対象としていると解釈できるが，それだけではない

ように思われる．ここで指摘しておきたいのは，la Bovary を elle ではなく，ce で受け直している点である．すなわち，la Bovary, c'était lui という部分は同定文であり，la Bovary は記述機能を持っていると解釈できるのである．したがって，la Bovary は読者が知っているボヴァリー夫人を指示する一方で，「ボヴァリー夫人らしさ」，さらには「ボヴァリー夫人的役割」を問題にしていると考えられる．

　このような le Np には，論理的前後関係の中のどこに位置付けられるであろうか．恐らく，固有名詞の本来の指示対象から直接引き出されるものであり，誰でも知っている人物の性質であることを考慮すると，内包を表す du Np の変形であると考えることができるのではないであろうか．したがって，表(II)は，さらに表(III)のように修正できるであろう．

(III)

référent initial	intension	extension (emploi métaphorique)	
		continu	discontinu
Ø Np	du Np (le Np)	du Np de la Np	un Np — les Np (le Np Exp) une Np — les Np (la Np Exp)

通常ある人物の内包に言及する場合は，du Np という形になるが，極めて知名度の高い人物に関しては，内包が既知のものとして捉えられ，le Np という形も可能となるのであろう．この場合の le Np はまさしく内包指示であると言える．

5. 結語

　本章では，定冠詞を伴う隠喩的解釈の固有名詞について論じた．通常，この種の固有名詞は補語なしで現れることはなく，de ＋名詞句，あるいは国家・民族等を表す形容詞を伴って現れる．ここで用いられている定冠詞は，補語の存在によって現れるものであるが，それによって厳密に唯一的な個体が同定されることが保証されているわけではない．この le Np Exp は，ある値を指示するという指示機能よりも，固有名詞の内包を前面に出すという記述機能の方が優勢に働いている．したがって，隠喩的な le Np Exp における定冠詞の用法は準内包的用法であ

207

ると考えられる．また，補語を伴わないle Np の形で隠喩的に用いられる固有名詞もあり，この場合は純粋な内包指示的用法であると考えられる．

【参考文献】

ANSCOMBRE, J.-C. (1982) : «Un essai de caractérisation de certaines locutions verbales», *Recherches Linguistiques*, 10, pp.5-37.
ANSCOMBRE, J.-C. (1991) : «La détermination zéro : quelques propriétés», *Langages*, 102, pp.103-124.
BOONE, A. (1987) : «Les constructions «il est linguiste» / «c'est un linguiste»», *Langue Française*, 75, pp.94-106.
BOONE, A. (1998) : «Essai de typologie des phrases copulatives», *Prédication, assertion, information (Actes du colloque d'Uppsala en linguistique française, 6-9 juin 1996)*, Academiae Ubsaliensis, Uppsala, pp.67-80.
BOSREDON, B. (1997) : *Les titres de tableaux*, Presses Universitaires de France, Paris.
CADIOT, P. (1997) : *Les prépositions abstraites en français*, Armand Colin, Paris.
CHEVALIER, J.-C. et al. (1964) : *Grammaire Larousse du français contemporain*, Librairie Larousse, Paris.
CORBLIN, F. (1987) : *Indéfini, défini et démonstratif*, Librairie Droz S. A., Genève.
CURAT, H. (1999) : *Les déterminants dans la référence nominale et les conditions de leur absence*, Libraire Droz S.A., Genève.
DONNELLAN, K.-S. (1966) : «Reference and Definite Descriptions», *Philosophical Review*, pp.281-304.
FAUCONNIER, G. (1984) : *Espaces mentaux*, Editions de Minuit, Paris. (邦訳:坂原・水光・田窪・三藤訳『メンタル・スペース』, 1987, 白水社.)
FLAUX, N. (1991) : «L'antonomase du nom propre ou la mémoire du référent», *Langue Française*, 92, pp.26-45.
FLAUX, N. (1992) : «Les syntagmes nominaux du type *le fils d'un paysan* : référence définie ou indéfinie?», *Le Français Moderne*, LX-1, pp.23-45.
FLAUX, N. (1993) : «Les syntagmes nominaux — Référence définie ou indéfinie? (deuxième partie)», *Le Français Moderne*, LXI-2, pp.113-139.
FURUKAWA, N. (1978) : «Article zéro ou absence d'article?», *Bulletin d'Etudes de Linguistique Française*, 12, pp.35-46.
FURUKAWA, N. (1986) : *L'article et le problème de la référence en français*, France Tosho, Tokyo.
FURUKAWA, N. (1994) : «*Ce que je crois, c'est que...* : Séquence thématique et ses deux aspects, cohésion et rupture», *Travaux de Linguistique*, 29, pp.21-37.
FURUKAWA, N. (1996) : *Grammaire de la prédication seconde*, Duculot, Louvain-la-Neuve.
FURUKAWA, N. (1997) : «*Les Glaneuses* de Millet : emploi intensionnel de LE(S)», *Revue de Sémantique et Pragmatique*, 2, pp.169-181.
FURUKAWA, N. (1998) : «Cet objet curieux qu'on «appelle» l'article : Emploi de l'article défini dans des environnements métalinguistiques», *La ligne claire : De la*

linguistique à la grammaire, Duculot, Louvain-la-Neuve, pp.47-54.

FURUKAWA, N. (2002) : «Construction grammaticale et sous-détermination structurelle: autour de l'emploi attributif du verbe *avoir*», *Le Français Moderne*, LXX-2, pp.129-144.

FURUKAWA, N. & K. NAGANUMA (2000) : «A propos de l'emploi «quasi-intensionnel» de l'article défini : *la copie du dessin* et *a copy of the drawing*», *Actes du XXIIe Congrès International de Linguistique et Philologie Romanes, volume VII, sens et fonctions*, Max Niemeyer Verlag, Tübingen, pp.243-250.

GARY-PRIEUR, M.-N. (1989) : «Quand le référent d'un nom propre se multiplie», *Modèles Linguistiques*, XI-2, pp.119-133.

GARY-PRIEUR, M.-N. (1990) : «*Du Bach, du Colette* : neutralisation du genre et recatégorisation des noms de personnes», *Le Français Moderne*, LVIII-3/4, pp.174-189.

GARY-PRIEUR, M.-N. (1991) : «La modalisation du nom propre», *Langue Française*, 92, pp.46-63.

GARY-PRIEUR, M.-N. (1994) : *Grammaire du nom propre*, Presses Universitaires de France, Paris.

GIRY-SCHNEIDER, J. (1991) : «L'article zéro dans le lexique — grammaire des noms prédicatifs», *Langages*, 102, pp.23-35.

GREVISSE, M. (1969) : *Le bon usage* (9e éd.), Édtions J. Duculot, S. A. & Librairie A. Hatier, Gembloux & Paris.

GREVISSE, M. (1986) : *Le bon usage* (12e éd.), Duculot, Paris & Gembloux.

GREVISSE, M. (1993) : *Le bon usage* (13e éd.), Duculot, Paris & Louvain-la-Neuve.

GROSS, M. (1986) : *Grammaire transformationnelle du français, syntaxe du nom*, Cantilène, Paris.

GUILLAUME, G. (1975) : *Le problème de l'article et sa solution dans la langue française* (réédition), Librairie A.-G. Nizet & Les Presses de l'Université Laval, Paris & Québec.

HOPPER, P. & E. TRAUGOTT (1993) : *Grammaticalization*, Cambridge University Presse, Cambridge.

HUOT, H. (1978) : «Appositions et relatives appositives», *Recherches Linguistiques*, 5-6, pp.103-142.

IMOTO (1996) : «Le nom propre et la thèse de la dénomination», *Bulletin d'Etudes de Linguistique Française*, 30, pp.14-26.

JEUNOT, D. (1983) : ««Il est médecin» (pourquoi pas?)», *Linguistique, énonciation : Aspects et détermination*, Édtion de l'EHESS, Paris, pp.81-95.

JONASSON, K. (1987) : «Articles génériques et noms propres modifiés», *Rencontre(s) avec la généricité*, Librairie Klincksieck, Paris, pp.57-72.

JONASSON, K. (1991) : «Les noms propres métaphoriques : construction et interprétation», *Langue Française*, 92, pp.64-81.

JONASSON, K. (1994) : *Le nom propre*, Duculot, Louvain-la-Neuve.

参考文献

KLEIBER, G. (1981) : *Problème de référence : descriptions définies et noms propres*, Librairie Klincksieck, Paris.

KLEIBER, G. (1991) : «Du nom propre non modifié au nom propre modifié : le cas de la détermination des noms propres par l'adjectif démonstratif», *Langue Française*, 92, pp.82-103.

KLEIBER, G. (1994) : *Nominales : Essais de sémantique référentielle*, Armand Colin, Paris.

KUPFERMAN, L. (1991) : «Structure événementielle de l'alternance UN / Ø devant les noms humains attributs», *Langages*, 102, pp.52-75.

MARTIN, R. (1986) : «Les usages génériques de l'article et la pluralité, *Déterminants : syntaxe et sémantique*, Librairie Klincksieck, Paris, pp.187-202.

MILNER, J.-C. (1982) : *Ordre et raisons de langue*, Seuil, Paris.

MOIGNET, G. (1981) : *Systématique de la langue française*, Librairie Klincksieck, Paris.

NEVEU, F. (1998) : *Études sur l'apposition*, Honoré Champion Éditeur, Paris.

NEVEU, F. (2000) : «Quelle syntaxe pour l'apposition? Les types d'appariement des appositions frontales et la continuité référentielle», *Langue Française*, 125, pp.106-124.

NOAILLY, M. (1990) : *Le substantif épithète*, Presses Universitaires de France, Paris.

NOAILLY, M. (1991) : ««Et tout le reste est littérature»», *Langages*, 102, pp.76-87.

PICABIA, L. (1983) : «Remarques sur le déterminant zéro dans des séquences en *il y a*», *Le Français Moderne*, LI-2, pp.157-171.

PICABIA, L. (1986) : «Il y a démonstration et démonstration : réflexion sur la détermination de l'article zéro», *Langue Française*, 72, pp.80-101.

PICABIA, L. (1991) : «Article zéro et structures apposées», *Langages*, 102, pp.88-102.

PICABIA, L. (1993) : «Apposition droite — apposition gauche Apposition circonstancielle — apposition attributive», *Hommages à Nicolas Ruwet*, Communication & Cognition, Ghent, pp.426-439.

PICABIA, L. (2000) : «Appositions nominales et déterminant zéro : le cas des appositions frontales», *Langue Française*, 125, pp.71-89.

RIEGEL, M. (1985) : *L'adjectif attribut*, Presses Universitaires de France, Paris.

RIEGEL, M., J.-C. PELLAT & R. RIOUL (1994) : *Grammaire méthodique du français*, Presses Universitaires de France, Paris.

Tamba-Mecz, I. (1983) : «Pourquoi dit-on : "ton neveu, IL est orgueilleux" et "ton neveu, C'est un orgueilleux"?», *L'Information Grammaticale*, 19, pp.3-10.

TOGEBY, K. (1982) : *Grammaire française, Volume I : Le Nom*, Akademisk Forlag, Copenhague.

VAN DEN BUSSCHE, H. (1988) : «Typologie des constructions dites appositives», *Travaux de Linguistique*, 17, pp.117-135.

WAGNER, R.-L. & J. PINCHON (1991) : *Grammaire du français*, Hachette, Paris.

WILMET, M. (1997) : *Grammaire critique du français*, Duculot, Louvain-la-Neuve.

青木三郎 (1998)：「『絵画の題名』とラベリング」,『フランス語学研究』, 32, 日本フランス語学会, pp.39-44.
朝倉季雄(1967)：『フランス文法覚え書』, 白水社.
井元秀剛 (1995)：「役割・値概念による名詞句の統一的解釈の試み」,『言語文化研究』, 21, 大阪大学言語文化部大学院言語文化研究科, pp.97-117.
大賀正喜・G. メランベルジェ (1987)：『和文仏訳のサスペンス』, 白水社.
大久保朝憲 (1994)：「フランス語の無冠詞表現—名詞の認識と冠詞の相関—」,『言語文化学』, 3, 大阪大学言語文化学会, pp147-159.
大久保朝憲 (1995)：「目的語無冠詞名詞のスキーマ」,『フランス語学研究』, 29, 日本フランス語学会, pp.46-54.
川口順二・阿部宏 (1996)：「文法化」,『フランス語学研究』, 30, 日本フランス語学会, pp.51-58.
川島浩一郎 (2000)：「非動詞文における名詞限定辞の不在について」,『言語・地域文化研究』, 6, 東京外国語大学大学院博士後期課程論叢, pp.15-26.
坂原茂 (1990)：「同定文・記述文とフランス語のコピュラ文」,『フランス語学研究』, 24, 日本フランス語学会, pp.1-13.
滝沢隆幸 (1971)：「近代フランス語における LOCUTION VERBALE のゼロ冠詞について (I)」,『フランス語学研究』, 6, 日本フランス語学会, pp.1-12.
滝沢隆幸 (1974)：「近代フランス語における LOCUTION VERBALE のゼロ冠詞について (II)」,『フランス語学研究』, 8, 日本フランス語学会, pp.35-40.
東郷雄二 (1991)：「Y. Kawabata, auteur de «Kyoto», ou Y. Kawabata, l'auteur de «Kyoto»」,『フランス語学研究』, 25, 日本フランス語学会, pp.75-77.
東郷雄二 (2001)：「定名詞句の指示と対象同定のメカニズム」,『フランス語学研究』, 日本フランス語学会, 35, pp.1-14.
中尾和美 (1996)：「同格における冠詞について」,『フランス語学研究』, 30, 日本フランス語学会, pp.39-43.
中尾和美 (1998)：「冠詞からみたコピュラ文と同格」,『フランス語を考える—フランス語学の諸問題II』, 東京外国語大学グループ《セメイオン》, 三修社, pp.193-203.
中尾和美 (1999)：「"Rue X" について」,『フランス語学研究』, 33, 日本フランス語学会, pp.40-51.
長沼圭一 (1996)：「«la copie du dessin» と «a copy of the drawing» —英語との比較による LE N DE (DÉT) N の記述的研究—」,『筑波大学フランス語・フランス文学論集』, 11, 筑波大学フランス語・フランス文学研究会, pp.101-129.
長沼圭一 (1997)：「Le N1 de DÉT N2 における記述機能・役割解釈・内包指示について」,『筑波大学フランス語・フランス文学論集』, 12, 筑波大学フランス語・フランス文学研究会, pp.41-57.

参考文献

長沼圭一 (1998a)：「複合定名詞句における定冠詞の内包指示の用法について」，『フランス語学研究』，32，日本フランス語学会，pp.15-22．
長沼圭一 (1998b)：「固有名詞における限定詞の内包付与について」，『フランス語フランス文学研究』，73，日本フランス語フランス文学会，pp.77-89．
長沼圭一 (1998c)：「定冠詞を伴う固有名詞の隠喩の用法について」，『筑波大学フランス語・フランス文学論集』，13，筑波大学フランス語・フランス文学研究会，pp.97-108．
長沼圭一 (1999)：「文に前置された文同格無冠詞名詞句とタイトル化された無冠詞名詞句について」，『筑波大学フランス語・フランス文学論集』，14，筑波大学フランス語・フランス文学研究会，pp.31-50．
長沼圭一 (2000a)：「接続詞的に解釈される無冠詞名詞について」，『フランス語学研究』，34，日本フランス語学会，pp.39-44．
長沼圭一 (2000b)：「独立無冠詞名詞句について」，『筑波大学フランス語・フランス文学論集』，15，筑波大学フランス語・フランス文学研究会，pp.75-103．
長沼圭一 (2001)：「同格として現れる無冠詞名詞句について―右方同格と前方同格―」，『筑波大学フランス語・フランス文学論集』，16，筑波大学フランス語・フランス文学研究会，pp.51-83．
長沼圭一 (2002)：「コピュラ文の属詞として現れる無冠詞名詞句」，『筑波大学フランス語・フランス文学論集』，17，筑波大学フランス語・フランス文学研究会，pp.153-187．
長沼圭一 (2003)：「役割記述機能を持つ無冠詞名詞句について― quand on est femme, on ne dit pas ces choses-là ―」，『フランス語フランス文学研究』，83，日本フランス語フランス文学会，pp.90-100．
長沼圭一 (2004)：「フランス語の無冠詞名詞文について―同格的表現との比較による考察―」，『外国語教育論集』，26，筑波大学外国語センター，pp.165-173．
福島祥行 (1998)：「意味・概念・役割―定冠詞名詞句の指示対象と認識構造―」，『人文研究』，50-5，大阪市立大学文学部，pp.29-52．
古川直世 (1979)：「名詞句の指示機能と記述機能について」，『文藝言語研究言語編』，4，筑波大学文芸・言語学系，pp.115-133．
古川直世 (1984)：「ゼロ冠詞について」，『フランス語学研究』，18，日本フランス語学会，pp.70-78．
古川直世 (1988)：「属詞の位置における複合定名詞句の指示性について」，『文藝言語研究言語編』，14，筑波大学文芸・言語学系，pp.17-36．
古川直世 (1991)：「総称のle N をめぐる一論争について」，『STELLA』，9，九州大学フランス語フランス文学研究会，pp.71-78．
松原秀治 (1978)：『フランス語の冠詞』，白水社．

おわりに

　本書は，平成14年9月に筑波大学に提出した学位論文に誤字・脱字の訂正等の必要最小限の修正を加えたものです．学位論文の執筆にあたっては，指導教官を務めてくださった古川直世先生より多大なるご指導ご鞭撻を賜りました．先生には，筑波大学大学院入学と同時に研究の方向性をご教示いただき，以来10年間にわたり絶えず熱心にご指導いただきました．この場を借りて心から感謝申し上げます．また，副査をご担当くださった，中右實先生，青木三郎先生，廣瀬幸生先生，竹沢幸一先生，そして，筑波大学大学院生諸君，および，私を支えてくださった全ての方々に厚くお礼申し上げます．

　本書では，現代フランス語において有標と見なされる，限定詞を伴わない普通名詞，および限定詞を伴う固有名詞についての考察を試みました．全ての無冠詞名詞句に対して一つの統一的機能を認めることは困難であり，また，限定詞付きの固有名詞に関しても同様であると考えられます．したがいまして，無冠詞名詞句については生起のしかたに応じて場合分けし，限定詞付きの固有名詞については隠喩的解釈のものに限って考察を行いました．無論それぞれの場合に応じて異なった方法で分析を行いましたが，普通名詞，固有名詞を問わず一貫して言えることは，言語外レベルと言語内レベルを区別しなければならないということでしょう．この点は，今後のあらゆる名詞句の研究においても重要なことであるように思われます．

　なお，本書は，独立行政法人日本学術振興会平成16年度科学研究費補助金（研究成果公開促進費）の交付を受けて刊行に至りました．本書における研究の一部は，平成13年度，平成14年度，平成15年度科学研究費補助金（特別研究員奨励費）の交付を受けて，「現代フランス語における無冠詞名詞句の記述的研究」を研究課題として行ったものです．

　最後に，本書の出版を快諾してくださった早美出版社に感謝の意を表します．

　　2004年7月

　　　　　　　　　　　　　　　　　　　　　　　　　　　　　長沼　圭一

フランス語における有標の名詞限定の文法
―普通名詞と固有名詞をめぐって―

著者
©

長沼 圭一
(ながぬま けいいち)

著者略歴
1969年　静岡県生まれ
1994年　大阪外国語大学外国語学部フランス語学科卒業
2001年　筑波大学大学院文芸・言語研究科博士課程単位修得退学
現在, 筑波大学, 東京成徳大学非常勤講師
専攻：フランス語学

2004年10月14日　初版発行

定価本体 5000 円

発行者　山崎　雅昭
印刷所　倉敷印刷株式会社
製本所　愛千製本有限会社

有限会社 早美出版社

〒162-0042　東京都新宿区早稲田町80番地
TEL.03(3203)7251 FAX.03(3203)7417
振替　東京　00160-3-100140
sobi@ma.neweb.ne.jp

ISDN4-86042-023-3 C3085 ¥5000E